TEXTES LITTERAIRES

Collection dirigée par Keith Cameron

LA VIE DE SAINT ALEXIS

eul sun seruise li uolt gueerdune. Or
set cõbien que il sen deit aler. E el suen
seriant sacrat a lui apele. Traine mei frere
ti quier del parchemin. E une penne & laðuet el chemin
pri par ta merci. Cil li aporte tenöit le ã
alon. de sei meisme dedenz að tut esarit.

E um en ala e amment seu fuit. Tres sei la
tut ne la uolt demustrer. Tresque al iur
qũil sen deie aler. Sa fin apresme sil mals
est agregez. ð el tut en tut recella del palet. ꝺſꝭ

En la semaine que il sen dut aler. Vit une
uoiz tres fer seu la ater Que les fedels tuz
tõ aunez. Reste est la gloure que ðeðu
deit duner. A laltre fei3 lur fait altre
semunse. Que lume deu quierent qui
est en runse. E sili prient que la cite ne
funde. Que ne perissent al qui enz fire
gunde. Qui ui lunt oi remaignent en gerãde
duce. Sainz innocens qui dunc iert apo
stoile. A lui en uindrent e li riche e li poure.

Si li requierent cunsel de ceste chose. A cheltour
li pople ne mist les desenfoure. Il e guar
dent lutre que terre les enclöe. Que lur
ensemt ũ purrunt e recuurer. Vnt une uoiz
ki lur að endtet E il la maisun cufamien

LA VIE DE SAINT ALEXIS

Texte du manuscrit A

(*B.N. nouv.acq. fr. 4503*)

Editée
avec
Introduction, Notes
et
Glossaire

par

T. D. Hemming

University of Exeter Press
1994

Remerciements

Bibliothèque Nationale, MS nouvelles acquisitions françaises 4503, folio 16 recto, reproduit avec l'aimable autorisation de la Bibliothèque Nationale.

First published in 1994 by
University of Exeter Press
Reed Hall
Streatham Drive
Exeter EX4 4QR
UK

British Library Cataloguing in
Publication Data
A catalogue record for this book is available
from the British Library

ISSN 0309-6998
ISBN 0 85989 462 2

Typeset by Sabine Orchard
Printed in the UK
by Antony Rowe Ltd, Chippenham

Pour Anne†

Ma gentil muiller

Avant-Propos

En donnant cette édition du manuscrit A, nous avons un but à la fois modeste et ambitieux. D'une part nous espérons fournir aux chercheurs un texte qui leur facilitera l'analyse de cette rédaction et sa comparaison avec les autres versions, et surtout avec le célèbre manuscrit L, objet jusqu'à présent de presque toutes les études.

D'autre part, dans notre introduction comme dans les notes critiques, nous n'avons pas hésité à formuler des hypothèses et des conjectures assez hardies, avec l'intention de relancer le débat et de susciter des réactions. Les études médiévales se caractérisent hélas trop souvent par la timidité, la prudence, et le conservatisme, tandis que les esprits plus aventureux s'engagent sur le chemin des interprétations symboliques, allégoriques, anagogiques.

L'établissement du texte, on le conçoit, a été difficile, par suite des ravages de deux «réviseurs». Le copiste, pour sa part, s'il est moins mauvais qu'on ne le représente souvent, ignore la grammaire du texte qu'il reproduit, comme il ignore la métrique du poème qu'il transcrit. Malgré ces difficultés, la version de la *Vie de saint Alexis* conservée dans notre manuscrit est digne d'attention en elle-même, et pour elle-même, en dehors de son importance pour l'étude de la tradition alexienne.

Au terme de mes travaux, je tiens à remercier:
- Madame Callu et ses collègues de la salle des manuscrits de la Bibliothèque Nationale;
- le personnel du service de prêt inter-bibliothèques de la Bibliothèque de l'Université de Bristol;
- M. Stewart Gregory, de l'Université de Leicester, qui a élucidé pour moi divers problèmes relatifs aux dialectes;
- M. John Fox, Professeur honoraire à l'Université d'Exeter, qui m'a prodigué avec générosité ses précieux conseils et suggestions. Il m'a évité mainte erreur: celles qui restent ne sauraient en aucun cas lui être attribuées;
- mon regretté mentor et ami, Alan Robson qui le premier a su éveiller mon intérêt pour ce texte, véritable monument de la littérature française.

Tim Hemming

Bristol, Fête de l'Annonciation, 1993

INTRODUCTION

1. La Tradition manuscrite

Les versions de la vie de saint Alexis en ancien français sont très nombreuses. On convient pourtant de l'utilité de les diviser en deux familles: la plupart des rédactions en langue vulgaire, y comprises les plus anciennes, racontent que le saint passe de longues années - dix-sept est le nombre préféré - dans une ville nommée Alsis, avant de revenir à sa ville natale, Rome où il meurt, inconnu et méprisé, sous l'escalier de la maison paternelle. Par contre, dans la version latine de la *Vita Sanctorum* et dans les textes qui en sont directement tributaires, le premier séjour se localise à Edesse, ce qui reflète plus fidèlement la tradition orientale primitive.

La plupart des manuscrits où paraît le nom d'Alsis furent recensés par Gaston Paris dans son édition de la *Vie de saint Alexis*, et il est d'usage de conserver les sigles par lesquels il les désigna. Dans la liste qui suit figurent aussi certains manuscrits, inconnus de Gaston Paris, qui appartiennent à la même famille.

(i) Le manuscrit A: Paris, Bibliothèque Nationale, nouvelles acquisitions françaises 4503. C'est ce manuscrit que nous éditons ici pour la première fois. Lorsque Gaston Paris fit paraître son édition du poème, ce manuscrit faisait partie de la collection du comte d'Ashburnham (d'où le sigle A). L'histoire en est singulièrement mouvementée[1]. C'est vraisemblablement à l'époque de la Réformation que ce manuscrit est passé en France où, au XVIIe siècle il appartenait au Connétable de Lesdiguières, de qui il porte la marque *propria*. En 1716 il fut acheté par l'Abbaye de Marmoutier, près de Tours. Il portait alors le numéro 239 dans la bibliothèque abbatiale, avant d'entrer, à la Révolution, à la bibliothèque municipale de Tours. Vers 1842 le «bibliophile» Libri de triste notoriété s'empara de ce manuscrit, ainsi que de plusieurs autres de la même bibliothèque. L'ayant affublé d'une reliure à l'italienne en bois et en cuir, avec au dos le titre (maintenant en partie effacé) *Vite di santi in antiche versi francesi* - tout cela sans doute pour donner le change quant à sa provenance réelle - il le vendit en 1847 au comte d'Ashburnham, grand collectionneur anglais, dans la bibliothèque duquel il portait la cote Libri 112. Vendu en 1884 au gouvernement italien par l'héritier du comte, le manuscrit fut déposé dans la Biblioteca Mediceo-Laurenziana à Florence. Léopold Delisle, qui avait consacré de longues années à la recherche des nombreux ouvrages subtilisés et vendus frauduleusement par Libri, réussit enfin à persuader le gouvernement

---

[1] Nous nous fondons pour l'essentiel sur Delisle (1883), Delisle (1888) et Waters (1928).

français de le racheter et en 1888 il fut déposé à la Bibliothèque Nationale, où il se trouve actuellement.

Le manuscrit, d'origine anglo-normande, comporte 74 feuillets non pas de vélin comme le veut Waters (1928) mais de parchemin, mesurant 189 mm. sur 129 mm². Il contient un poème sur l'Assomption de la Vierge par Herman de Valenciennes (fo. 1-11ro); la *Vie de saint Alexis* (fo. 11vo-19vo); le *Voyage de saint Brendan*, par Benedeit (fo. 19vo-42vo); la *Vie de sainte Catherine* par Clemence de Barking (fo. 43-74ro); et une version française d'une lettre du Pape Alexandre III pour les Templiers (fo. 74vo). Il n'est pas possible de déterminer avec précision la provenance du manuscrit, mais les textes qui s'y trouvent permettent la formulation de quelques conjectures. L'on connaît le rôle de Geoffroi de Gorran, Abbé de St. Albans, dans la composition du Psautier de St. Albans qui contient la version L de l'*Alexis*[3]. Geoffroi passe aussi pour avoir composé un ouvrage dramatique sur la vie de sainte Catherine. Le poème de Clemence de Barking est la refonte d'un ouvrage antérieur, assonancé à ce qu'il semble, et ayant un caractère dramatique[4]. Pour ce qui est des rapports entre l'*Alexis* et le *Brendan*, c'est au Bec qu'il faut les chercher. Legge (1970) a conclu que l'*Alexis* (mais lequel ?) a dû être composé au Bec vers la fin du XIe siècle. Par ailleurs (1960) elle a identifié un moine nommé Benedeit qui avait passé du Bec à Saint Albans au début du XIIe siècle et qui aurait pu être l'auteur du *Brendan*. Il semble donc que l'Abbaye de Saint Albans doit être pour quelque chose dans l'élaboration de notre manuscrit, dans la mesure où elle figure dans l'histoire d'au moins trois des poèmes qui s'y trouvent. Quant au poème de Herman de Valenciennes, à défaut d'une édition fiable et d'une étude, nous ne sommes pas en mesure de commenter sa présence. Smeets (1963) a vu des influences stylistiques, verbales et métriques de l'*Alexis* sur la *Bible* de Herman, mais passe sous silence le fait qu'un autre poème de cet auteur se trouve dans le même manuscrit que notre version de la vie du saint.

L'écriture est de la fin du XIIe siècle (non du milieu comme le prétendent Gaston Paris et Storey[5]), vraisemblablement vers 1200. Le manuscrit dans son ensemble est l'oeuvre de deux copistes, mais l'*Alexis* est écrit en entier d'une seule main. Les vers de ce poème sont copiés comme de la prose, mais une grande lettrine rouge marque le début de

---

[2]   Il y a quelques erreurs sans grande importance dans la description de Delisle (1888) et de Waters (1928). Ce dernier n'eut à sa disposition qu'un facsimile. Notre description se fonde sur un nouvel examen du manuscrit.
[3]   Pour les détails de la vie de Geoffroi, voir Pächt (1960).
[4]   Voir MacBain (1964) xiii-xiv.
[5]   Gaston Paris, n'ayant pas vu le manuscrit, se fia à la datation de Paul Meyer qui lui en avait fourni la transcription; Storey dans toutes ses éditions (1934, 1942, 1968) transcrit (ou traduit) les mots de Gaston Paris, sans attribution. Jusqu'en 1968 d'ailleurs le savant anglais persiste à localiser le manuscrit dans la collection du comte d'Ashburnham, bien que ladite collection ait été dispersée dès 1883.

chaque strophe (sauf accident); la première lettre de chaque vers, un peu plus grande que les suivantes, est rehaussée avec du rouge; et la fin de chaque vers est signalée par un point. Chaque page compte en moyenne 26 lignes, soit environ 33 vers.

Le copiste a été condamné presque universellement. Aux yeux de Gaston Paris:

> [L]e scribe est plus que médiocre. Non-seulement,
> semblable en cela à la plupart des copistes anglais,
> il dénature et détruit le rhythme d'un grand nombre des
> vers, non-seulement il foule aux pieds toutes les lois
> de la grammaire et écrit même souvent des mots dénués de
> sens, mais il est surtout coupable d'omissions considérables,
> qui portent, soit sur des vers isolés dans l'intérieur des
> strophes [...], soit sur des strophes entières [...] il a
> complètement supprimé les quinze dernières. [p. 4].

Waters (1928) caractérise le copiste d'ignorant et d'inattentif [p. xii], et se plaint de ses nombreuses omissions [p. xiii], jugements partagés par MacBain (1964). A leur avis les omissions s'expliqueraient par le désir du copiste de terminer sa tâche le plus vite possible. MacBain caractérise néanmoins d' «habile» beaucoup des coupures dans le texte de la *Vie de sainte Catherine* et parvient à la conclusion que les lacunes représentent des abrègements intentionnels effectués de telle façon qu'ils ne choquent pas le lecteur [pp. xv-xvi].

Compte tenu du fait que dans le cas et du *Brendan* et de l'*Alexis* et de *Ste Catherine* ce manuscrit offre une version plus courte que celles qu'on trouve ailleurs[6], on est en droit de douter du bien-fondé de cette interprétation. Il nous semble tout aussi probable que le copiste de ce recueil de textes pieux en langue vulgaire, a eu pour tâche de fournir à ses auditeurs ou auditrices des versions abrégées des poèmes.

Le texte de l'*Alexis* a subi les révisions de deux correcteurs que nous désignons R1 et R2. Celui que nous croyons être le premier en date (R1), de peu postérieur au copiste, se contente en général d'exponctuer ce qu'il veut corriger et d'écrire ses propres formes soit en marge soit en interligne, si bien que le texte original reste parfaitement lisible. Il écrit en petites lettres, à la façon d'un glossateur, et son écriture est très nette et très régulière. Un exemple typique se trouve au vers 12: la lettre r a été ajouté en interligne à la forme **ancessus**. Cette lettre est certainement d'une autre main que celle du copiste. Ce dernier emploie trois formes: r, 2 et R, alors que les deux réviseurs en emploient une autre, assez évasée et avec un long

---

6   Comme on ne connaît pas d'autre copie du poème de Herman de Valenciennes, il est impossible de
dire s'il s'agit là encore d'une version plus courte.

jambage, ce qui lui donne un peu l'aspect d'un y. Encore une fois au vers 45
c'est le premier réviseur qui a écrit en interligne entre le mots **ducs** et le
mot **parlé** le mot **pere** en petites lettres, exactement à la manière d'une
glose. Ces interventions sont peu nombreuses et ne font pas de mal. Par
contre le second réviseur (R2) a gravement endommagé notre texte. Afin
de transformer les assonances en rimes il modifie constamment la forme
des lettres à la fin des vers. Nombreux sont les -t transformés ainsi en -z
ou en -r. En outre il n'a pas lésiné sur les ratures de sorte que le texte
original est en maints endroits perdu sans espoir de recouvrement. A
l'ineptie de ces interventions s'ajoute l'extrême laideur et gaucherie de sa
propre écriture. Son seul mérite consiste à s'être servi d'une encre moins
opaque que le copiste ce qui permet parfois de déchiffrer en tout ou en
partie ce qu'il a voulu faire disparaître. Son but principal a été de trouver
des rimes, mais il n'en est pas resté là. Son grattoir destructeur et sa plume
dévastatrice ont fait des ravages toutes les fois qu'il n'a pas compris son
texte, ou qu'il l'a lu sans attention ou à contresens. Parfois même il semble
avoir nourri l'ambition de modifier le sens du poème, si bien qu'il s'est
autorisé à recomposer des hémistiches, voire des vers entiers, toujours en
faisant preuve de la même maladresse graphique et verbale. C'est à
contrecœur que nous sortons de l'oubli ces bêtises pour les faire entrer dans
notre apparat critique. Du moins le lecteur sera-t-il en mesure de juger lui-
même de la valeur de ces interventions. Les modifications effectuées
portent sur 165 vers, mais la répartition en est très inégale: on en relève en
moyenne une par strophe jusqu'au vers 190; ensuite il y a une forte
concentration jusqu'au vers 390; de là à la fin du poème il y a seulement
trois changements.

Le copiste se sert assez peu des abréviations et contractions habituelles;
bien des exemples se trouvent en fin de ligne pour compléter un mot sans
avoir à le continuer à la ligne suivante[7]. En revanche, il utilise assez
librement - surtout vers la fin - le trait oblique, semblable à un accent aigu
allongé, le plus souvent lorsque deux voyelles identiques se suivent[8].

(ii) Les manuscrits voisins: L - Lamspringe. Ce manuscrit, d'origine
insulaire, se trouve actuellement dans la bibliothèque de l'église Saint-
Godoard (l'église jésuite) à Hildesheim. Il se trouvait autrefois à l'abbaye
de Lamspringe (aujourd'hui Lambspringen), où, à partir de 1643, s'était
établie une communauté de Bénédictins anglais. Le poème fait partie du
célèbre Psautier de Saint-Albans, l'un des trésors de l'art anglais du début
du XIIe siècle (voir Pächt (1960)); il a dû être terminé, selon des
indications internes, avant 1123. L, dont la supériorité est presque

---

[7] Par contre le second réviseur les cumule.
[8] Il n'est pas exclu que l'un ou l'autre des réviseurs (vraisemblablement le premier) ait ajouté certains de ces signes.

universellement reconnue, a été utilisé comme manuscrit de base par Gaston Paris dans son édition critique du poème, et par Storey. Il existe plusieurs autres éditions, en dehors de la transcription diplomatique dans l'*Übungsbuch*.

P - Paris, Bibliothèque Nationale, fonds français 19525 (fo. 26-31). C'est un manuscrit continental du XIIIe siècle. La version du poème, qui compte 580 vers, est très proche de L, sauf à la fin, à partir de la strophe correspondant à L 109. Le manuscrit contient un grand nombre de textes hagiographiques en vers et en prose, presque tous inédits. On en trouve la description détaillée dans Martin (1869) et Meyer (1889). P a été utilisé par Gaston Paris dans son édition critique du poème, et l'*Übungsbuch* en contient une transcription diplomatique, mais la version elle-même n'a jamais été éditée.

V - Rome, Bibliotheca Vaticana, Codices Vaticanae latini 5334 (fo. 125-131). C'est un manuscrit du XIIe siècle, d'origine wallonne, inconnu de Gaston Paris. P. Rajna (1929) en a fourni une transcription diplomatique accompagnée d'une étude très nourrie. Selon lui le MS a dû être composé entre 1140 et 1160. Le texte fragmentaire, qui compte 180 vers, commence au milieu du vers 425 de L (= 403 A), et continue jusqu'à la fin du poème telle qu'elle se trouve en L. Quelques strophes de L n'y figurent pas et l'ordre en est différent à certains endroits.

S - Paris, Bibliothèque Nationale, fonds français 12471 (fo. 51-73). C'est un manuscrit continental du XIIIe siècle, dont le copiste semble être originaire du nord-est de la France. Il s'agit d'une version très amplifiée du poème (1331 vers répartis en 136 laisses), mais qui conserve beaucoup des vers anciens. Gaston Paris en a donné une édition, suivie de Elliott (1983). L'*Übungsbuch* donne seulement les variantes de L.

(iii) Les autres manuscrits: Nous nous contentons de citer plus brièvement et pour mémoire les autres manuscrits de cette famille, puisqu'ils n'entrent pas en ligne de compte pour l'étude de A et de la tradition alexienne primitive.

P2 - Manchester, The John Rylands Library, deuxième moitié du XIIIe siècle, copiste anglo-normand, fragment contenant les strophes 1 à 35, proche de P, édité par Fawtier (1923).

Ma - Paris, B.N. n.a.f. 1553, XIIIe-XIVe siècle, nord-est[9]. Version rimée, éditée par Gaston Paris et Gatto-Pyko (1973). Désigné M1 dans Elliott (1983).

Mb - Carlisle, Cathedral Library, XIIIe siècle, copiste picard, edité par Elliott (1983) qui lui donne le sigle M2.

---

9   Elliott (1983) dit que le dialecte en est Picard-Wallon, mais le Picard et le Wallon sont bien distincts.

Q - Groupe de sept manuscrits en quatrains rimés du XIVe siècle, édité par Léopold Pannier dans Paris (1872).

2. Les Sources

La vie de saint Alexis réunit deux légendes d'origine orientale[10]. La première, dont la composition se situe entre 450 et 475, est conservée dans trois manuscrits syriaques du VIe siècle, et le personnage central anonyme y est désigné Mar Riscia c'est-à-dire l'Homme de Dieu. Destiné par sa naissance à vivre dans le luxe, il choisit l'humilité et la pauvreté, et quitte la maison paternelle à Rome (c'est-à-dire la Nouvelle Rome, ou Constantinople) le jour fixé pour son mariage, sans avoir vu la fiancée choisie par ses parents. Il s'installe à Edesse où il passe la journée en jeûnes et en prières, quêtant l'aumône devant la porte de l'église. La nuit, alors que les autres mendiants sommeillent, il prie, les bras en forme de croix touchant les murs de l'église. Il meurt à Edesse où il est enterré dans la fosse commune. Ce récit simple et direct est peut-être véridique. Le seul miracle s'attache au corps qui disparaît lorsque la décision est prise de l'ensevelir de façon plus digne.

Ce récit primitif a été modifié et élaboré sous l'influence d'une autre histoire pieuse bien connue dans le monde byzantin, celle de St. Jean le Calybite. Jean, jeune noble romain, quitte la maison paternelle pour s'installer dans un monastère à Constantinople. Une voix céleste le somme de retourner à Rome pour recevoir la bénédiction paternelle avant de mourir. Déguisé en mendiant et inconnu de tous il obtient la permission de vivre dans une petite cabane près de la maison de son père («calybite» veut dire «habitant de cabane»). Il se fait enfin reconnaître de ses parents sur son lit de mort. Sa sainteté est reconnue par le peuple de Rome et il est enseveli dans une église érigée sur le site de sa cabane.

Cinq manuscrits syriaques, dont le premier remonte au IXe siècle, reproduisent la légende de l'Homme de Dieu sous une forme amplifiée, où figure l'épisode du retour à la maison paternelle trouvé d'abord dans la vie de saint Jean le Calybite. D'après cette version l'Homme de Dieu n'est pas mort à Edesse, ayant quitté cette ville lorsque sa sainteté commence à se faire remarquer. Il revient à la maison paternelle pour y finir ses jours dans le vestibule, inconnu de sa famille et méprisé par les domestiques. Ce développement du récit primitif, connu d'abord à Constantinople, semble avoir été retransmis par la suite en Syrie.

Des versions postérieures grecques apportent de nouvelles modifications, y compris le nom d'Alexis (qui signifie aide) pour le saint homme, et pour ses parents les noms d'Euphemien et d'Aglaë.

---

[10] Pour l'essentiel nous suivons l'excellent résumé de Fox (1974) 21-34 et surtout 29-30.

Cette légende connut un immense succès dans le monde oriental, mais on n'en trouve aucune trace en Occident avant la fin du Xe siècle. En 977 l'archevêque Sergius de Damas, s'étant réfugié à Rome, s'installa avec quelques moines grecs dans l'église de saint Boniface sur l'Aventin. Les premières allusions à saint Alexis en latin font leur apparition une dizaine d'années plus tard: l'église de saint Boniface devient le lieu de sépulture du saint et c'est là que se trouvent ses reliques. Pour l'essentiel, on identifie cette version latine avec celle qui figure dans les *Acta Sanctorum*. Le rapport entre ce texte et les versions en langue vulgaire n'est pas tout à fait clair, et dire que ces versions «suivent de très près le texte latin» [Storey (1968) 21] n'est pas exact. Il est évident que la *Vita* latine, sous une forme assez proche de celle que nous possédons, est l'une des sources de la *Vie de saint Alexis*, mais certains ont cru déceler aussi l'influence du poème latin *Pater Deus ingenite*. La transformation d'Edesse en «Alsis» suggère par contre l'existence d'une tradition populaire, voire orale, la forme du nom de la ville ayant été modifiée, à ce qu'il semble, pour faire écho à «Alexis».

Le culte du saint en Occident semble d'ailleurs avoir été et être resté plus vivant au niveau populaire que dans les milieux ecclésiastiques officiels. On ne connaît que trois dédicaces au saint en Europe du nord: à Paderborn en Allemagne, au Bec en Normandie, et à Saint Albans en Angleterre. Sauf au Bec, où la fête du saint fut observée de la façon la plus solennelle, le culte liturgique du saint, s'il se répandit en France au cours du XIe siècle, resta toujours assez modeste, et ne dura pas. Par contre on connaît en Occident au moyen âge des versions de la vie du saint en français, en provençal, en italien, en espagnol, en portugais, en allemand, en anglais et en vieux norrois[11].

3. La Version A

Le poème s'ouvre sur le contraste entre le monde à l'époque des ancêtres où régnaient la foi, la justice, l'amour et la loyauté, et le monde actuel où tout a dégénéré (1-10). Après l'avènement du Christianisme, vécut à Rome un riche noble nommé Eufemien, proche de l'Empereur qui lui donna pour épouse une femme illustre. Toujours sans enfant après de longues années ils voient enfin exaucer leurs prières. Dieu leur donne un fils, baptisé Alexis qui, ses études finies, entre au service de l'Empereur. Son père lui trouve une épouse, fille d'un comte de Rome (11-45). Après le mariage Alexis entre dans la chambre nuptiale, selon la volonté de son père mais, opprimé par la menace du péché, il fait valoir à son épouse le caractère

---

11 Pour les renseignements sur ces versions, voir Storey (1987). En France le souvenir de «Saint Alexis sous l'escalier» persiste jusqu'à nos jours. Au XVIIIe siècle il y eut même en provençal une version anti-religieuse, à l'esprit voltairien, où la conduite du saint fut tournée en dérision, voir Storey (1987) 76.

transitoire de la vie dans le monde et la pérennité de la vérité céleste. Il lui donne le ceinturon de son épée et lui rend son alliance (46-75). Puis il prend la fuite à bord d'un navire qui le porte à Laliche, d'où il part aussitôt pour se rendre à Alsis, parce que là se trouve une image célèbre de la Vierge. Il donne tout son argent aux pauvres et comme eux vit désormais de l'aumône (76-100).

A Rome, ses parents et son épouse se désolent, et le père fait chercher son fils partout. Deux messagers envoyés par lui arrivent à Alsis mais ne reconnaissent pas Alexis, lui font même l'aumône, ce qui le remplit de joie (101-123). L'échec de ces efforts remplit sa famille de douleur: mère et épouse profèrent de longues lamentations (124-158). Après quinze ans pendant lesquels Alexis se consacre entièrement au service de Dieu, une image dans l'église parle au sacristain: «Fais venir l'Homme de Dieu !». Alexis est digne d'entrer au Paradis, mais, voyant qu'on veut le couvrir d'honneurs, il prend la fuite à nouveau. Il voudrait se rendre à Tersun, mais la tempête fait aboutir le navire à Rome (159-191). Il craint qu'on ne le reconnaisse dans sa ville natale, puis s'avise que ses austérités l'auront tellement changé qu'il n'encourt aucun danger. Il aborde donc Eufemien dans la rue et se fait loger sous l'escalier de la maison paternelle (192-231). Ses parents et son épouse le voient constamment mais toujours sans le reconnaître, et le spectacle de leur douleur ne lui fait pas rompre son silence. Là il est nourri des restes, et il subit patiemment le mépris des domestiques qui l'arrosent des eaux ménagères (232-271). Après dix-huit ans, se sachant sur le point de mourir il envoie chercher de quoi écrire une lettre racontant sa vie (272-285).

Une voix céleste commande au Pape Innocent et aux Empereurs de chercher l'Homme de Dieu pour que ses prières sauvent la ville d'une catastrophe. Lorsque la voix révèle que cet homme se trouve dans la maison d'Eufemien les habitants consternés couvrent ce dernier de reproches de l'avoir caché. Mais aucun des domestiques n'en sait rien, et le Pape et les Empereurs et tous les grands de la ville sont remplis d'angoisse et de crainte (286-318). L'âme de saint Alexis se sépare enfin du corps et va au Paradis; le serviteur qui seul avait subvenu aux besoins d'Alexis apporte la nouvelle à Eufemien en ajoutant que, à son avis, le mendiant sous l'escalier n'est autre que l'Homme de Dieu. Eufemien voit la lettre mais ne peut pas la retirer de la main du mort (319-342). Il annonce la nouvelle au Pape et aux Empereurs qui, avec tout le peuple, multiplient les prières. Le Pape réussit à prendre la lettre de la main du saint, et le chancelier en fait lecture, révélant ainsi à tous son identité et sa vie (343-370).

Suivent de longues lamentations du père, qui reproche à son fils d'avoir négligé ses devoirs et d'avoir fait tant souffrir sa famille (371-398); de la mère qui lui reproche la dureté de son coeur (399-430); et de l'épouse, qui lui reproche de l'avoir abandonnée, se déclare veuve et se résout désormais à servir Dieu qui ne l'abandonnera pas (430-464).

Le Pape se montre peu sympathique à ces effusions de douleur: le peuple de Rome peut se réjouir parce que le saint les protège. Tout le monde accourt; la foule est si dense qu'on n'arrive pas à faire passer le corps du saint. On cherche à faire dégager le chemin en jetant aux pauvres des poignées d'or et d'argent, mais tous répondent avec dédain que seul le saint les intéresse car lui seul les aidera (465-501).

Saint Alexis a choisi la bonne voie, et c'est pourquoi il est honoré aujourd'hui, et que son âme est au Paradis. Le pécheur doit se repentir car ce monde est transitoire et il faut attendre celui qui dure. Prions donc la sainte Trinité que nous puissions régner au Ciel avec Dieu. Amen (502-511).

4. Les Rapports entre les différentes versions

Depuis la célèbre édition de la *Vie de saint Alexis* de Gaston Paris, parue en 1872, c'est la version du poème incorporée dans le Psautier de St. Albans, et presque universellement reconnue comme la meilleure, qui a fait l'objet de la plupart des études. Gaston Paris lui-même, appliquant pour la première fois à un poème en langue vulgaire les méthodes de critique textuelle de Lachmann, crut à la possibilité d'établir un texte critique, malgré l'échec de ses tentatives pour établir un stemma. Il prit le manuscrit L comme texte de base; mais la méthode qu'il adopta fit que l'accord de deux autres versions entraîna quasi-automatiquement la modification du texte. Animé aussi par la conviction que le poème original avait été composé en Normandie, il entreprit d'éliminer les traits linguistiques dont le copiste insulaire aurait été responsable. Christopher Storey, dans sa thèse de Strasbourg de 1934, prétendit également établir un texte critique, mais en même temps affirma son intention de fournir une édition de L «selon les principes de M. Bédier». Les autres versions telles qu'il les envisagea et les présenta n'étaient que des formes tardives, inférieures, plus ou moins incomplètes, d'un seul et même poème, parfois utiles pour combler les lacunes ou pour corriger les erreurs manifestes de L, mais sans grand intérêt en elles-mêmes. Compte tenu de l'impossibilité d'établir un stemma qui porte conviction, son choix de L - manuscrit le plus ancien, le meilleur et le moins touché par des erreurs dues au scribe - était inévitable. Mais le savant anglais ne semble pas avoir réfléchi à la signification de cette diversité de la tradition manuscrite. Gaston Paris partit d'une position théorique cohérente qui dicta sa méthode. Que sa théorie se soit montrée fausse, voilà le sort inévitable de la plupart des théories scientifiques. Storey par contre fait appel aux autres manuscrits de façon éclectique et capricieuse. Il se félicite d'être le premier à se servir du fragment V, mais si l'on suit «les principes de M. Bédier», on édite le *codex optimus*, et les autres manuscrits n'entrent pas en ligne de compte. D'autre part il corrige L parfois à partir d'un seul autre manuscrit, mais au vers 534, par exemple, malgré l'accord de A et V, où se trouve sans conteste une *lectio difficilior*, il retient la leçon de L[12]. Il respecte les graphies du manuscrit, mais à vrai dire ses principes le rendent plus proche de Gaston Paris que de Bédier. En outre le mélange des deux approches diamétralement opposées est troublant. Il persiste à présenter les autres manuscrits comme des copies ou des dérivés inférieurs de L. Ainsi, à propos de A : «Il lui manque vingt-et-une strophes et trente-deux vers isolés.» Cette façon de présenter les choses est - textuellement - celle de Gaston Paris qui, nous l'avons dit, crut à l'unité de la tradition poétique et manuscrite. Or, Storey n'y croit pas, ou plutôt sa méthode implique qu'une telle tradition n'existe pas, ou qu'elle est introuvable, ce qui revient au même. Cela dit, L étant un manuscrit lisible, et les cas litigieux étant peu nombreux, il en fournit un texte fiable, dans l'ensemble, et assurément plus utile que celui de son illustre précurseur, texte qu'il reproduit sans changement dans ses éditions ultérieures.

Deux exemples montreront les différences entre Paris et Storey. A la strophe 7, vers 31-5, Gaston Paris, comme d'habitude, corrige la grammaire et l'orthographe et n'hésite pas à effectuer d'autres changements, comme au vers 33 :

> Fut baptiziez, si out nom Alexis.
> Qui l'out portet volentiers le nodrit;
> Pois li bons pedre ad escole le mist.
> Tant aprist letres que bien en fut guarniz;
> Pois vait li enfes l'emperedor servir.

Storey par contre respecte le manuscrit et se contente de ponctuer le texte :

> Fud baptizét, si out num Alexis.
> Ki lui portat, süef le fist nurrir;
> Puis ad escole li bons pedre le mist:
> Tant aprist letres que bien en fut guarnit.
> Puis vait li emfes l'emperethur servir.

Lorsqu'il est question de corriger les erreurs réelles ou supposées, les décisions de Paris et de Storey sont souvent assez différentes, sans qu'il soit toujours facile d'approuver l'un plutôt que l'autre. Ainsi, au vers 143 (= 142 A) on trouve dans le manuscrit L:

> si lat destruite cum dis lait ost depredethe

---

[12] A et V ont le mot rarissime **mune** à l'assonance; L a **bailide**, qui ne rime pas, voir aux notes critiques, vers 500.

Gaston Paris corrige:

> Si l'at destruite com s'hom l'oust predede

Et Storey:

> Si l'at destruite cum s'ost l'ait depredethe.

Cependant, en ce qui concerne le rapport entre les versions, si l'on part du principe que tel ou tel manuscrit fait autorité, la dévalorisation des autres en est la conséquence inévitable. Plus grand sera le nombre des écarts entre le manuscrit préféré et un autre, moins grand sera l'estime pour ce dernier. Cela a été le triste sort du manuscrit A. Si la version qu'il contient est une copie ou un descendant de L, alors force nous est de convenir que c'est une très mauvaise copie ou un descendant très dégénéré.

C'est Hans Sckommodau (1954) qui le premier a eu le mérite de revenir à la version du MS A. Il a conclu que, loin d'être une faible copie de L, A offrait une rédaction indépendante - à son avis supérieure - de la vie du saint. Malgré les défauts du manuscrit, A représenterait une version plus primitive du poème. Depuis lors, plusieurs savants, américains surtout, se sont penchés à nouveau sur cette version et sur la tradition alexienne dans son ensemble[13].

Essayons de cerner le problème épineux des rapports entre les différentes versions. Commençons par L. La date du manuscrit est maintenant établie, depuis les travaux de O. Pächt et ses collègues, grâce auxquels nous savons que le Psautier de Saint Albans, dont notre poème fait partie, a dû être terminé avant 1123. La date de cette version du poème reste pourtant controversée. Tablant sur l'archaïsme apparent de la langue, et sur l'attribution conjecturale à Thibaut de Vernon, chanoine de Rouen, Gaston Paris a fait remonter sa composition à 1040. Cette date, reproduite partout dans les manuels et dans les chronologies, est fausse. L'archaïsme de la langue n'est qu'un trompe-l'oeil. Des formes comme **cuntretha, vithe, pedre, medre, esguarethe,** donnent au texte, pour ainsi dire, une patine antique, mais elles ne sont pas utilisées de façon régulière. Cela pourrait sans doute s'expliquer si l'on disait qu'un copiste du douzième siècle a parfois substitué des graphies plus modernes. Mais (comme le demande Sckommodau (1954)) comment donc expliquer la présence de faux archaïsmes tels que **qued** 107, **net** 360, **derumpet** 387 ? Derrière cet archaïsme superficiel et trompeur, au niveau de la phonologie et de la morphologie cette version de la *Vie de saint Alexis* se laisse comparer au

---

[13] A part les contributions de Sckommodau, signalons celles de Carr (1970), Uitti (1966-67, 1970 et 1973).

Voyage de saint Brendan par Benedeit, où se retrouvent tous les traits: -eret plus-que- parfait à côté d'**ert**, -**t** final entravant l'élision, **ai** distinct de **ei, a** final pour e caduc - identifiés par Gaston Paris, Storey et autres comme caractéristiques du XIe siècle. Plus généralement la langue de L ressemble à celle de Philippe de Thaon. Dans les deux cas (de Benedeit et de Philippe de Thaon) il s'agit de textes écrits en Angleterre pendant la première moitié du XIIe siècle.

L'attribution du poème à Thibaut de Vernon est sans fondement véritable, et repose au mieux sur un faux syllogisme: Thibaut (ou Tedbalt) de Vernon, vers le milieu du XIe siècle, a écrit en langue vulgaire «d'agréables chansons d'après une sorte de rythme tintant»[14]. Cette désignation pourrait s'appliquer à la *Vie de saint Alexis*; donc le chanoine de Rouen est l'auteur de notre poème.

Disons-le avec toute la force possible: sur le plan linguistique il n'existe aucune raison solide pour faire remonter la composition de la version de L de la *Vie de saint Alexis* au milieu du onzième siècle.

Pour Gaston Paris le poème original et la version de L ne font qu'un, dans ce sens que L en était la copie fidèle - en dehors des graphies anglo-normandes, de quelques erreurs de transmission et de quelques fautes du copiste. Ainsi, son texte critique visait à éliminer ces erreurs et ces traits dialectaux, afin de restituer le poème authentique tel qu'il était sorti de la plume de Thibaut de Vernon. Mais le texte même montre que les choses ne sont pas si simples. L termine le récit à deux reprises: la strophe 110 (qui équivaut à la strophe finale de A) a pleinement le caractère d'une conclusion:

> Ki fait ad pechet bien s'en pot recorder:
> Par penitence s'en pot tres bien salver.
> Bries est cist secles, plus durable atendeiz.
> Co preiums Deu la sainte Trinitet
> Que Deu ansemble poissum el ciel regner.

A ces vers, absents de toutes les autres versions (sauf A), suivent sans transition quinze strophes racontant les miracles opérés par le corps du saint, la procession solennelle, les obsèques, l'ensevelissement et les dernières lamentations de la famille, avant la pieuse conclusion, dont la tonalité est assez différente de la strophe 110 (= 106 A).

Il est donc évident que l'auteur de L a connu, sinon A, du moins une version dont A était dérivé, ce qui suffit pour écarter la conjecture de Pächt (1960), selon laquelle Saint Albans aurait vu la naissance de la tradition

---

[14] La phrase est de Gaston Paris (1872) p.43-4, et traduit le latin d'un chroniqueur: *Hic quippe est ille Tedbaldus Vernonensis, qui multorum gesta sanctorum, sed et sancti Wandregisili, a sua latinitate transtulit atque in communis linguae usum satis facunde refudit, ac sic ad quandam tinnuli rhythmi similitudinem urbanas ex illis cantilenas edidit.*

poétique en langue vulgaire. Pächt se demande si l'auteur ne serait pas Geoffroi de Gorran, protecteur de Christine de Markyate (pour laquelle le Psautier fut composé), maître d'école, auteur et metteur en scène d'un drame religieux sur sainte Catherine, et à partir de 1119 Abbé de Saint Albans. Pour Alison Goddard Elliott (1980) la version du Psautier serait la refonte d'un poème primitif très proche de A, destinée à être chantée lors de la dédicace de la chapelle de saint Alexis à l'abbaye de Saint Albans (entre 1115 et 1119). Les fastes de cette cérémonie, à laquelle assistèrent le roi et la cour ainsi que de nombreux hauts prélats, auraient trouvé leur contrepartie dans la splendeur de la procession et des funérailles évoquées dans L. De l'avis de la regrettée savante américaine, les quinze dernières strophes auraient donc été composées à Saint Albans.

Malgré l'attrait de cette hypothèse (surtout pour celui qui donne une édition de A) elle se heurte à plusieurs difficultés. Le poème latin *Pater Deus ingenite*, trouvé dans deux manuscrits qui remontent sans aucun doute possible au XIe siècle, donne déjà en partie la longue conclusion du récit, y compris une allusion aux obsèques solennelles:

56   Tandem labore maximo
      Sepulchro ponunt optimo,
      Clerus cum omni populo
      Fruebatur obsequio,
      Piissimis exequiis
      Humabant corpus Alexis. [Cf L117-118]

Quelle que soit la direction de l'influence, les éléments dont Madame Elliott a fait cas existaient donc bien avant la fin du onzième siècle. Manfred Sprissler (1966) a conclu à une influence du poème latin sur le texte français. Jean Rychner (1977) a soutenu le contraire: le poème latin serait une adaptation abrégée de la *Vie de saint Alexis* - en l'espèce, de L. La conclusion plus nuancée de C.A.Robson (à laquelle font allusion O.Pächt et D.M.Legge (1970), mais qui, malheureusement, n'a jamais été publiée) suppose l'influence d'*un* texte français, opinion partagée, semble-t-il, par M. Bernhardt Bischoff. Pour Mlle Legge, si cela était vrai, cette version française a dû être beaucoup plus vieille que notre poème.

Si Rychner et/ou Robson ont vu juste, les problèmes et les difficultés ne font que proliférer. Un poème en langue vulgaire sur saint Alexis suppose le culte du saint. Au terme d'une étude très poussée, Ulrich Mölk (1978) constate que: «*dès la fin du XIe s.*, [c'est nous qui soulignons] on trouve en différentes régions de France les meilleures conditions pour une diffusion même rapide de la Chanson de saint Alexis» [p.353]. Mais le premier manuscrit du poème latin *Pater Deus ingenite* remonte, paraît-il, à 1064. Même en interprétant la notion de «la fin du onzième siècle» assez généreusement, il faudrait donc supposer que la composition du poème latin ait dû suivre presque immédiatement celle de son modèle français. Reste la question posée par O.Pächt (1960) pp. 128 ss.: comment expliquer le fait que les deux manuscrits connus du *Pater Deus ingenite* soient, selon lui, d'origine respectivement allemande et autrichienne, sans lien évident avec la langue française? Une fois le poème français composé, on l'aurait transposé tout de suite en vers latins sous une forme abrégée, et cette version aurait été portée immédiatement hors de la région francophone sans y laisser de traces, aussi étonnant que cela puisse paraître. Assmann (1955), en éditant la version la plus ancienne du poème latin, affirme que le manuscrit vient de Metz, et s'il a vu juste, on entrevoit la solution du problème des rapports matériels entre deux textes, latin et français, géographiquement séparés, dans la mesure où Metz est en pays francophone. V est d'origine wallonne[15], Metz est en Lorraine; les deux régions sont voisines. Reste la chronologie: elle est moins serrée si l'on suppose l'influence d'un texte latin, disons du milieu du onzième siècle sur un texte français, disons de la fin du même siècle ou du début du douzième, mais les arguments de Rychner semblent probants en ce qui concerne la direction de l'influence. L'impasse est totale.

L'on constate depuis Gaston Paris qu'il est impossible d'établir un stemma, puisque la méthode des «erreurs communes» produit toutes les combinaisons possibles. Storey, après la découverte du manuscrit V, inconnu de Gaston Paris, prétend avoir montré que ce manuscrit aussi entre dans toutes les combinaisons possibles; malheureusement il ne cite pas ses exemples, se contentant de donner les références. Nous nous permettons de combler cette lacune. Ainsi on a selon lui [Storey (1968) 29]:

V, L contre A, P, 481. Les vers en question sont:

O bele buce, bel vis, bele faiture L 481
E bele boche bel vis bele figure   V

Sire Alexis, bel vis, bele faiture A 441.
Ohi bele chose, bel vis, bele faiture P

V, P contre A, L, 495. Les vers en question sont:

Il nem faldrat, s'il veit que jo lui serve L 495
Il ne me faldrat s'il veit que jel serve A 464

Neme faldra sil veit ke bien li serve V
Ne me faldra sil veit que jel serve P

---

[15] Stimm (1963) se trompe en cherchant à localiser le fragment dans le sud-ouest. Rajna (1929) a vu juste, comme me le confirme M. Stewart Gregory. Tous les traits de la langue de V sont typiques des textes wallons.

V contre A, L, P, 485. Les vers en question sont:

Miels me venist contres [lire certes] ke morte fuse V

Melz me venist, amis, que morte fusse L 485
Mult me venist mielz que desuz tere fusse A 449
Miex me venist que morte fusse P

V, A, P contre L 493. Les vers en question sont:

Ne ja mais hume n'avrai an tute terre L 493

Ne charnel hume n'averai, kar il ne puet estre A 463
Ne charnel ome n'avrai jamais en terre V
Ne charnel home n'arei car ne puet estre P

V, P, L contre A, 511. Les vers en question sont:

Issent s'en fort tute la gent de Rume A 476

Si s'en commourent tota la gent de Rome L 511
Si s'en comurent la genz ki ere en Rome   V
Si se conmurent tote la gent de Rome P

V, A, L contre P, 525. es vers en question sont:

Quant ceo verunt tost en serum delivre P

S'il nus funt presse, dunc an ermes delivres L 525
S'il nus en funt presse, dunc en serrum delivre
                                                    A 492
S'il nos funt presse, encui serem delivre V.

Si les deux derniers exemples confirment la conclusion de Storey, les quatre premiers sont beaucoup moins probants, et semblent reposer sur une interprétation assez singulière du principe lachmannien des «erreurs communes».

La démonstration de Alison Goddard Elliott (1983), à la suite des superbes travaux de Contini (1970, 1971, 1977)[16], est beaucoup plus convaincante: les coïncidences et les divergences entre les manuscrits changent constamment, d'un hémistiche à l'autre, si bien que les techniques habituelles de la critique textuelle se révèlent caduques. Citons un des

---

16 La bibliographie de Storey (1987) omet ces études pourtant fondamentales.

nombreux exemples fournis par Elliott [p. 23], le cinquième vers de la strophe 34:

L	Ço li cumandet, apele l'ume Deu
A	Ce dist l'imagene, fai venir l'ume Deu
P	Ceo li cunmande, fai venir l'umme Dei
S	Çou dist l'ymaige, apele l'oume Dé.

Dans le premier hémistiche S = A et P = L, mais dans le second S = L et A = P. Pour Elliott, l'explication en serait une double tradition, littéraire et orale. Rajna (1929) avait déjà envisagé quelque chose de semblable. Au terme d'une comparaison entre la diversité de la tradition manuscrite alexienne et celle de la *Prise d'Orange*, elle écrit:

> These findings, coupled with the impossibility of constructing a stemma suggest at the very least that we are dealing with memorial transcription if not with outright oral composition. [p. 27].

Mais ni L ni A ni P ni V n'est une composition orale; à notre avis l'on devrait aussi tenir compte de la possibilité de différentes modes de récitation, sans doute pour des circonstances diverses. La version de L se désigne comme une chanson; mais de toute évidence, la version de A, du moins telle que nous la connaissons, n'a pas été destinée au chant. Le manuscrit B.N. n.a.f. 4503 contient deux autres poèmes hagiographiques, le *Voyage de saint Brendan* et la *Vie de sainte Catherine*, écrites en octosyllabes à rimes plates, forme qui suppose la lecture[17]. L'on peut évoquer aussi l'irrégularité strophique de la version que nous éditons, à la différence des premiers poèmes religieux, sans doute chantés, et qui se composent tous de strophes régulières. Il nous paraît un peu simpliste d'attribuer cette irrégularité à l'inattention du copiste, comme le veulent Paris et Storey, d'autant plus que certaines strophes ont plus de cinq vers. A notre avis il y a deux possibilités: soit un poème primitif composé de strophes de quatre vers - c'est la forme de la *Passion* de Clermont-Ferrand - qu'on aurait modifié, sans doute sous l'influence d'un autre modèle[18], soit un poème aux strophes légèrement irrégulières (c'est le cas du poème de Hermann de Valenciennes dans notre manuscrit où alternent souvent des strophes de neuf et de dix vers). Si on lit L sans parti pris, on verra que par

---

[17] D. M. Legge (1963) - seule - formule l'hypothèse d'un texte primitif chanté pour expliquer la versification insolite du *Brendan* du MS Cotton où l'e caduc des vers féminins est compté, mais même si elle a vu juste, cette interprétation ne s'applique pas à la version qui se trouve dans notre manuscrit, où la versification est normale.

[18] Rappelons que l'*Epître farcie de Saint Etienne* se compose de strophes de cinq vers décasyllabes assonancés: voir Hemming (1974).

rapport à A, bien des strophes comptent un vers de remplissage. Ainsi le dernier vers de la strophe 32, absent de A, n'ajoute pas grand'chose:

> Ne puet altre estre: turnent al cunsirrer,
> Mais lur dulur ne porent ublier.
> Danz Alexis en Arsis la cité
> Sert sun segnur par bone volenté. A 155-58.

L ajoute:

> Ses enemis nel poe[i]t anganer. L 160.

Mais le diable, «l'ennemi», ne joue aucun rôle ailleurs dans le poème. Des trois tentations du chrétien: le diable, la chair et le monde, ayant écarté la deuxième en fuyant le lit conjugal, Alexis n'est menacé que par la dernière, la lutte contre le danger constitué par «le siècle» étant évidemment le thème principal du poème.

De même la strophe 47 (= L 46), où le serf d'Eufemien se porte volontaire pour s'occuper d'Alexis, compte quatre vers en A. Le cinquième vers de L:

> «Pur tue amur an soferai l'ahan.» L 280

est à vrai dire absurde, car s'il est question d'**ahanz**, c'est bien Alexis seul qui doit les supporter (comme au vers 259 A, = 273 L). De nombreux autres cas sont discutés dans les notes.

Ajoutons que L lui-même contient dans le manuscrit plusieurs strophes - 51, 55, 70, 95 - qui n'ont pas cinq vers, complétées par les éditeurs peut-être à tort, puisque dans chaque cas le sens est complet sans un vers supplémentaire. Il existe aussi deux strophes - 21 et 51 - qui ne sont pas sur une seule assonance.

Les laisses vraiment irrégulières des versions plus tardives S et M s'expliquent sans doute par l'influence du genre épique, mais il est évident que nous ne sommes pas en mesure, dans l'état actuel de nos connaissances, de résoudre de façon satisfaisante tous les problèmes soulevés par les contradictions apparentes - et d'ailleurs réelles - entre les divers manuscrits.

Ce qu'il faut retenir surtout, c'est la diversité de la tradition, et la liberté des différentes versions. Cela se manifeste dans le détail, dans ce sens que, par exemple, laissant de côté les différences d'orthographe, seule la première strophe est exactement identique en L et A (et P). Mais c'est au niveau de l'ensemble que les divergences se font surtout remarquer. Il ne s'agit, à notre avis, ni de variations gratuites ni des inepties des copistes, mais de changements opérés afin de donner au récit une portée et une orientation distinctives. Ainsi, à la strophe 15, vers 72-73:

Pois li cumandet les renges	Dunc li duna les renges
de s'espethe Ed un anel; a	de s'espee E cel anel
Deu l'ad cumandethe.	dunt il l'ot espusee.
L	A

A première vue l'on pourrait supposer qu'il s'agisse de différences sans grande portée, mais une lecture attentive s'impose. En L Alexis recommande à son épouse les **renges** qui symbolisent son rang social: en A il les lui donne, c'est-à-dire qu'il y renonce, qu'il les abandonne, comme il renonce au mariage en rendant à son épouse l'alliance avec laquelle il l'avait épousée. La séparation est totale. Dans L le don d'un nouvel anneau signifie la subsistance d'un lien; dans A la restitution de l'anneau de mariage signifie sa rupture.

A la strophe 27, A compte un sixième vers:

«Ja mais n'ierc lede, kers filz, ne n'ert tun pedre.» L 135

«Ja mais n'iert liez tis pere ne ta mere,
Ne t'espuse qui dolente est remese.» A 133-134
On peut convenir que la strophe a été remodelée en A de façon assez gauche puisque les mots **mere** et **remese** (probablement) paraissent deux fois à l'assonance, mais c'est la modification elle-même qui mérite réflection. L'épouse est mise sur pied d'égalité avec les parents. C'est surtout à la fin du poème que cette nouvelle orientation se fait remarquer. Par rapport à L deux strophes des lamentations de la mère sont absentes, et deux strophes de la lamentation de l'épouse sont répétées, ce qui donne:

		Strophes	Vers	L
Père	6 strophes	77-82	371-398	7
Mère	7 strophes	83-89	399-430	9
Epouse	7 strophes	90-96	431-464.	6

Le cas le plus frappant se trouve pourtant au milieu de notre texte. Les strophes 49 et 50 (= 48 et 49 de L), racontant (49) l'aveuglement des parents et de l'épouse qui voient Alexis constamment sans le reconnaître, et (50) son indifférence à leurs souffrances, sont répétées sous une forme peu différente après la strophe 54 (= 55 L). Ceci a pour effet d'encadrer, donc de mettre en relief, les quatre strophes littéralement centrales de cette version, qui racontent l'humiliation du saint dans la maison de son père. L'absurdité de certaines interprétations mathématiques incite à la prudence, mais il demeure vrai que dans un poème de 511 vers et 106 strophes c'est à la fin de la strophe 53, aux vers 255-256 qu'on lit:

> Ainz prie Dieu que trestut lur parduinst
> Par sa merci, que ne sevent qu'il funt.

Cette identification d'Alexis avec le Christ figure dans toutes les versions, mais son encadrement et sa position centrale sont des traits distinctifs de notre version.

Comment comprendre l'absence à ce point de deux strophes qui figurent dans L ?

> De la viande ki del herberc li vint,
> Tant an retint dunt sun cors an sustint:
> Se lui'n remaint, sil rent as pov[e]rins;
> N'en fait musgode pur sun cors engraisser,
> [Mais as plus povres les dunet a manger.]
>
> En sainte eglise converset volenters;
> Cascune feste se fait acomunier;
> Sainte escriture ço ert ses conseilers
> Del Deu servise se volt mult esforcer;
> Par nule guise ne s'en volt esluiner.

> [L str. 51 et 52, 251-60]

Qu'il s'agisse d'une omission consciente dans A ou d'un ajout dans L et les autres versions, il faut convenir que l'orientation et le message des deux traditions se distinguent très nettement ici. On peut interpréter la présence de ces strophes dans L comme palliant en quelque sorte son indifférence aux lamentations et aux souffrances de ses parents et de son épouse: s'il les néglige c'est pour mieux servir Dieu et son prochain. Mais il nous semble encore plus significatif que L souligne l'orthodoxie du comportement d'Alexis et le maintien de ses contacts publics avec l'Eglise. Dans A l'absence de ces strophes fait d'Alexis une figure beaucoup plus isolée, qui poursuit sa propre voie et qui obéit aux impulsions de sa conscience de façon individuelle et personnelle. Dans un poème où le Pape joue un si grand rôle il serait ridicule de chercher à faire d'Alexis une espèce de protestant avant la lettre - voire un Cathare -, mais dans A l'importance de l'Eglise institutionnelle et officielle est réduite. Ainsi, à la strophe 60 (= L 59) la voix qui annonce aux fidèles la présence d'un saint parmi eux ne vient pas de l'intérieur de l'église; le vers 293 de L est absent. A la strophe 72 A n'a pas les vers où les Empereurs font état de leur droit divin (L 363-65); dans leur prière ils se contentent de mettre en avant qu'ils sont des pécheurs. Et comme nous l'avons vu, les obsèques du saint, où s'affaire toute la hiérarchie ecclésiastique, avec acolytes, thuriféraires, croix et bannières, ne figurent pas dans cette version. Oserait-on dire que dans L le «siècle» récupère le saint en le couvrant des honneurs bien matériels qu'il a passé sa vie entière à fuir ? Dans A par contre, le récit se termine par le refus du peuple de se laisser détourner de leur vénération du corps du saint, puisqu'ils dédaignent l'argent que les autorités leur jettent afin de les faire se disperser.

La leçon finale de A c'est qu'il faut suivre l'exemple d'Alexis en renonçant aux valeurs du monde, du «siècle». En L et les autres versions qui le suivent, le saint est surtout présenté non pas comme modèle mais comme source de miracles et comme intercesseur.

L connaît et préserve la conclusion de A. Les autres versions: P, V, S, M, ne reproduisent pas la strophe 110 (= A 106); selon Elliott (1980) c'est parce que leurs auteurs s'étaient rendu compte de sa superfluité. V et L sont très proches dans cette dernière partie du poème: toutes les strophes de L de 111 à 125 sont présentes dans V, la seule différence étant la transposition des strophes 119 et 120. Cet accord est d'autant plus frappant que, à partir de la strophe 86 de L, où V commence, on trouve dans ce fragment l'ordre suivant: 86, 88, 90, 91, 92, 89, 93, 94, 95, 98, 97, 96, 99, 100, 101, 102, 103, 105, 104, 106, 107, 111. On notera l'absence des strophes 87 - absente également de A - et 108-110. P offre, parfois sous une forme assez éloignée de L, l'équivalent seulement des strophes suivantes, dans l'ordre indiqué: 114, 115, 116 118, 117, 120, 121, 122 (en partie seulement), 109, 125. Il nous semble que c'est cette séquence qui est le mieux reflétée dans le poème latin *Pater Deus ingenite*, si bien qu'un rapport entre P (ou sa source) et le poème latin est tout à fait plausible. La situation de P est l'inverse de V: jusqu'à la strophe 108, P reste très proche de L, mais la fin du poème est très différente.

L'hypothèse qui nous semble le mieux expliquer ces variations est la suivante:

1. Une première version de la vie du saint en langue vulgaire, assez indépendante de la *Vita* en prose latine, aurait vu le jour vers le milieu du XIe siècle. La fin de cette version aurait été celle de A.
2. Le poème latin *Pater Deus ingenite* modelé sur le poème en langue vulgaire, marque un premier stade de la récupération ecclésiastique; la fin du récit est modifiée sous l'influence de la *Vita*, ce qui inspire les brèves allusions aux miracles et à la sépulture, à peu près dans le même ordre dans les deux textes.
3. P reste proche de ce stade en ce qui concerne la fin du poème: les allusions aux miracles et aux obsèques sont relativement brèves, et suivent approximativement l'ordre de la *Vita*.
4. L accentue encore plus la dimension ecclésiastique, en soulignant le caractère orthodoxe du comportement du saint (L strophes 50, 51),

et surtout en développant le récit des miracles et des obsèques solennelles à la fin du poème. L'ordre des événements dans cette dernière partie est assez éloignée de la *Vita*, de P et du poème latin. Le fait que V, d'origine wallonne, soit presque identique à L depuis la strophe 111 jusqu'à la fin, porterait à croire que cette élaboration a eu lieu d'abord en France (au Bec comme le veut Legge (1970) ?) plutôt qu'en Angleterre (à Saint Albans).

5. Si par sa conclusion A reflète la forme la plus ancienne de la *Vie de saint Alexis* en langue vulgaire, d'autres éléments distinctifs, comme le rehaussement du rôle de l'épouse, et l'encadrement de l'humiliation d'Alexis, seraient plus vraisemblablement des innovations.

5. Langue et versification

Le poème se compose de vers décasyllabes assonancés, groupés en strophes irrégulières. Il y a:

1	strophe ayant	2	vers	[39]
2	strophes ayant	3	vers	[24, 36]
19	strophes ayant	4	vers	[32, 33, 40, 59, 60, 63, 74, 76, 81, 84, 85, 88, 90, 91, 92, 98, 100, 103]
3	strophes ayant	6	vers	[27, 45, 89]
2	strophes ayant	7	vers	[68, 69]
1	strophe ayant	9	vers	[71]

Toutes les autres - soit 74 - ont cinq vers. Gaston Paris supposa que le copiste avait eu devant les yeux un poème régulier qu'il déforma, laissant tomber des vers par paresse ou par mégarde. Il ne dit rien des strophes longues. Or, les strophes du manuscrit, indiquées avec une grande consistance par une lettrine initiale, et unies par l'assonance, sont - à quelques rares exceptions près - également cohérentes et sur le plan syntaxique et sur le plan du contenu[19]. Les véritables lacunes sont très rares, et là où il semble probable qu'un vers a été omis, comme à la strophe 6, nous la comptons parmi les strophes de 5 vers. L'interprétation de Gaston Paris ne nous paraît pas satisfaisante.

---

[19] Il existe quelques cas de litige, discutés dans les notes, où une changement d'assonance ne coïncide pas avec la présence d'une lettrine.

Table des Assonances

Assonances masculines

i	7,20,31,35,37,46,58, 67,70,72,84,87,98
é	3,6,9,13,16,18,19, 26,32,34,38,40,48, 50,56,57,59,60,63, 65,75,77,79,80,83, 90,94,100,104,105
è	69
ie	11,25,36,64,68
u	1,14,45,53*,66,71 (* Tous les mots en -un ou -um)
y	22
an	2,8,23,39,47,54
en	5,10,28,102

Assonances féminines

i.e	33,43,101
é.e	4,15,21,24,27,29, 49,55,74,78,82,89,96
è.e	12,17,30,42,52,93,95
a.e	51,73,76,85
o.e	62,97
u.e	41,44*,61,88,99 (*tous en -une ou -ume)
y.e	81,86,91,92,103

Cette table appelle quelques commentaires. Le changement de strophe, indiqué par une lettrine, ne correspond pas toujours à un changement d'assonance. Par contre le changement d'assonance correspond toujours (sauf accident) à un changement de strophe. Entrons dans le détail. On trouve des strophes consécutives sur la même assonance six fois:

assonance en e: 18/19, 56/57, 59/60, 79/80, 104/105
assonance en y.e   91/92.

Il n'y a pas de lettrine au début de notre strophe 57, mais le contenu des deux strophes suggère une division.

L'absence d'une lettrine initiale là où il y a un changement d'assonance se remarque au vers 304, début de notre strophe 64. C'est un cas, assez exceptionnel, où l'initiale est en marge. Il semble que le copiste l'ait oublié pour une fois et que le premier réviseur ait inséré une lettre de taille normale. Les strophes 68 et 69, telles que nous les imprimons, en respectant les lettrines, ont toutes deux sept vers, et font assonance sur trois voyelles: ie, 324-328, é, 329-332 (deux derniers vers de 68 et deux premiers vers de 69), è, 333-337[20].

Quant à la versification proprement dite, la décasyllabe se divise normalement 4 + 6. Hans Sckommodau (1956), tablant sur le nombre élevé de vers caractérisés par la «césure épique» - 4 (e) + 6 -, et sur le fait que le second hémistiche de bien des vers ait moins de 6 syllabes, a proposé la division 5 + 5 comme modèle de base. Cela nous semble poser plus de problèmes qu'il n'en résoud. La versification du manuscrit est irrégulière quoi qu'on fasse. On compte environ 80 vers faux, chiffre très élevé (contre une quarantaine dans L)[21]. On peut sans doute écarter les cas où le copiste a écrit, ou omis, un e caduc qu'il suffit de supprimer, ou de restaurer, pour rétablir la mesure, mais il subsiste beaucoup de vers qui ne se laisseraient pas corriger aussi facilement. Il est certain que le copiste a écrit bien des vers boiteux, mais combien et lesquels ? Comme la plupart des éditeurs modernes nous ne prétendons pas comprendre toutes les subtilités de la métrique de l'époque, et nous renonçons à trancher entre les erreurs du copiste et les licences et tolérances du poète. Nos conjectures sur les éventuelles corrections métriques figurent donc non pas dans le texte mais dans les notes critiques.

6. Phonologie et orthographe

Gaston Paris avait déjà constaté que la langue du poème ne peut être

---

[20] Pour la discussion de ce problème, voir aux notes critiques (note au vers 329).
[21] On ne peut pas donner un chiffre précis, compte tenu des nombreux vers raturés en tout ou en partie par le second réviseur.

identifiée avec aucun dialecte régional[22]. Il est établi depuis longtemps que les premiers textes associés avec la Normandie, l'Angleterre et l'Empire angevin manifestent un ensemble de traits phonologiques et morphologiques spéciaux[23].

Sur le plan phonologique on distingue cinq traits:

(i)   la distinction entre **an** et **en** à la rime ou à l'assonance;

(ii) la distinction entre **ai**, **ei** et **oi**;

(iii) ie < palA rime avec **ie** < E[et **-ier** < -ARIUM, mais reste distinct de **e** < A[(après non-palatale);

(iv) **o**[tonique > **o/u** (sans diphtongaison), et rime avec **o**] tonique;

(v)   **lit**, jamais **leit** dialectal.

H. Suchier le premier démontra qu'aucun dialecte réel ne présentait tous ces traits réunis:

(i) et (iv) excluent la région centrale et donc le francien;

(iii) exclut les régions occidentales (Normandie, Angleterre) dans la mesure que où les conventions graphiques de ces régions ignorent la distinction;

(v) implique aussi un écart entre la langue poétique et les vrais dialectes de ces régions, quoiqu'il s'agisse d'un trait peu important;

(ii) semble tout à fait artificiel car les habitudes graphiques indiquent une coïncidence entre **ai** et **ei** très tôt dans l'ouest, alors que la distinction entre **ei** et **oi** se perd de bonne heure dans le centre et l'est.

---

[22] Il parle (p. 42) d'«un seul et même dialecte» qui aurait précédé les dialectes connus, ce qui, sur le plan de l'évolution de la langue parlée, est faux. Mais ce qu'il faut retenir c'est qu'il a bien vu l'unité linguistique des premiers textes, et la différence entre la langue des textes et celle des dialectes locaux réels.

[23] L'exposition de H. Suchier (1906), d'où sont tirés ces détails, n'a jamais été dépassée, et mérite d'être tirée de l'oubli.   Pour sa part Suchier enviseagea cette langue littéraire comme une forme conservatrice du français (ou francien) central utilisée comme «Hof - und Verkehrsprache» à la cour normande. D'autres hypothèses quant à son origine sont évidemment possibles. La brillante étude de Robson (1955) complémente et complète les travaux de Suchier.

Les assonances de l'*Alexis* conforment aux traits (i), (iii)[24] et (iv), et bien qu'elle ne figure pas en fin de vers, on relève toujours la forme **lit** (v).

A ces traits phonologiques s'ajoutent des traits morphologiques, copieusement attestés dans notre texte:

- distinction entre les formes de l'imparfait de la première conjugaison (**-oue, -oues, -out/-ot**) et celles des autres conjugaisons;

- régularisation du participe présent/gérondif en **-ant**;

- généralisation de la 1ère personne du pluriel des verbes en **-um/-uns**.

Le copiste manifeste les traits caractéristiques des scribes insulaires de son époque, ce qui donne au texte une coloration dialectale superficielle. Pour [ie] il emploie tantôt **ie**, tantôt **e**, avec une préférence pour la première des deux graphies, ainsi **siecles** 1, **chier** 58 etc, **suzlieve** 333, **pechié** 59 mais **peché** 108. L'hypercorrection **altier** «autel» 369 indique sans doute que sa propre prononciation de la voyelle était [e]. De même les formes **meisun** 435, **reisun** 345, reflètent l'identité dialectale, au niveau de la prononciation, de **ai** et **ei** dont il a été question ci-dessus; devant nasale, on trouve **seinte** 510, **mein, meins,** 335, 372. Le réflexe de O fermé latin est, avec une grande consistence, écrit **u**, graphie de prédilection des scribes insulaires, surtout avant une consonne nasale: **Rume** 17, **dunad**, 19, **cunverserent** 21, **cunsel** 297, **segnur** 158 etc. (aussi **seignur** 322 etc.), **enurent** 179, mais aussi devant voyelle orale **urez** «vent» 191, etc. La forme **dunz** 83, etc., est plus fréquente que **danz** 146, etc. Par contre on relève **pro** 3. Le copiste écrit toujours **sorent, porent. Averad** 384, comme **averum** 474, 501, se laissent interpréter soit comme des hypercorrections (bien que les formes syncopées telles que **fras**, typiques de l'anglo-normand, ne soient pas attestées dans notre texte) soit comme un moyen graphique d'indiquer la valeur consonantale de la lettre **v** (il va de soi que le manuscrit ne distingue pas entre **u** et **v**). Il y a trois cas (seulement) de l'emploi de la forme dialectale de l'article: **lu** 410, 463. Sur le plan morphologique les formes du verbe (**-ot,-um/-uns**) dont il a été question ci-dessus foisonnent. **Ert/iert** coexistent. Pour ce qui est de la syntaxe et des problèmes grammaticaux ponctuels nous renvoyons aux notes critiques.

---

[24] Les formes du verbe *ere, iert,* font exception: Strophe 4: *pere, ere, emperere, hunurée, cuntré[e];* 48: *degré, reposer, iert, mener, blasmer;* 74: *ere, esculterent, mere, ere.*

7. Les Principes de cette édition

Nous nous sommes proposé pour tâche de fournir aux chercheurs une édition pratique aussi fidèle que possible du manuscrit A, afin d'en faciliter l'étude et surtout la comparaison avec L et les autres versions. Nous nous abstenons donc de modifier le texte par la correction des erreurs réelles ou supposées, sauf dans de très rares cas. Nous laissons les prétendues fautes de grammaire, ainsi que les fautes de métrique, quitte à les commenter dans les notes critiques. Les strophes ayant moins de cinq vers sont laissées telles quelles sauf à la strophe 6, vers 38, où il y a une lacune évidente. Au vers 113 **Tarsis** est une erreur manifeste pour **Arsis**; au vers 159 .x. «dix» est une erreur manifeste pour .xv. «quinze». Nous fournissons entre crochets [] quelques lettres que le copiste semble avoir omises, et nous supprimons quelques dittographies: il y a une dizaine d'interventions de ce genre au total. L'expansion des abréviations, la ponctuation et la division des mots se conforment aux pratiques courantes dans l'édition des textes en ancien français, mais nous n'avons pas cru indispensable de marquer les hiatus d'un tréma.

En ce qui concerne les lettres, mots et vers que les réviseurs R1 et R2 ont changés, nous imprimons le texte original toutes les fois que nous sommes parvenus à le déchiffrer. Il y a ici deux possibilités:
    (a) toutes les lettres du texte original sont lisibles;
    (b) malgré quelques obscurités portant sur une ou deux
lettres le texte original se laisse reconstruire sans ambigüité.

Restent deux autres cas:
    (c) ce qui est encore lisible ne suffit pas pour reconstruire
l'original avec certitude;
    (d) la rature a tout détruit.

Dans les cas (c) et (d) nous indiquons la lacune au moyen des crochets <>, et nous complétons le texte à partir des autres versions. Tout ce qui figure entre les crochets <> relève donc du domaine de la conjecture, mais il y a un éventail de possibilités. Là où toutes les autres versions offrent à peu près le même texte il s'agira sans doute d'une quasi-certitude que la conjecture proposée soit la bonne, mais il existe d'autres conjectures dont les bases sont forcément moins solides. Dans l'un et l'autre cas il s'agit pourtant de conjectures, et ce n'est nullement notre intention de les faire passer pour authentiques. Ce qu'il faut retenir c'est que sans ces reconstructions le texte serait tellement incomplet et fragmentaire qu'il serait impossible de suivre le récit. La situation exacte du manuscrit est exposée dans les notes textuelles en bas de la page, et la discussion est, le cas échéant, poursuivie dans les notes critiques de la fin.

Dans les notes textuelles nous indiquons les abréviations du manuscrit de la façon suivante:

7 (= **e**), ⁹ (= **us** normalement), 9 (= **cum, con**) sont conservés, ainsi que le ['] qui n'a pas de valeur précise[25], et le [-] des lettres ð, où il n'a pas de valeur consistante et p, qui signifie soit **per/pur** soit **pro**. Pour ce qui est du tilde, nous le transcrivons par *n* ou *m*, notre choix étant dicté par l'orthographe normale du mot dans ce texte.

Les notes textuelles et critiques étant très nombreuses, nous avons pris la décision de ne pas déparer notre texte par une profusion de renvois numériques.

---

[25] Il se peut que deux abréviations sont en jeu: ['] et [⁷] mais la distinction n'est pas perceptible.

BIBLIOGRAPHIE

ASSMANN, Erwin, 'Ein rhythmisches Gedicht auf den heiligen Alexius', *Festschrift Adolf Hofmeister.* Halle: Niemeyer, 1955, 31-38.

ASTON, S.C., 'The Saint in Medieval Literature', *Modern Language Review*, 1970, 65, 25-42.

AVALLE, D'Arco Silvio, *Preistoria dell'Endecasillabo*, Milan-Naples: Riccardo Ricciardi Editore, 1963.

BAEHR, R., 'Das Alexiuslied als Vortragsdichtung', *Serta Romanica. Festschrift für Gerhard Rohlfs zum 75. Geburtstag.* Tübingen: Niemeyer, 1968, 175-99.

BOUCHERIE, A., 'La Vie de Saint Alexis, Poème du XIe siècle (Edition de M. Gaston Paris)', *Revue des Langues Romanes*, 1874, 5, 5-37.

BULATKIN, Eleanor, 'The Arithmetical Structure of the Old French Vie de saint Alexis', *Publications of the Modern Language Association of America*, 1959, 74, 495-502.

CARR, Gerald F., 'On the Vie de saint Alexis', *Romance Notes*, 1976, 17, 204-207.

CONTINI, Gianfranco, 'Scavi alessiani', *Linguistica e Filologia: Omaggio a Benvenuto Terracini.* Ed. Cesare Segre. Milan: Il Saggiatore, 1968, 57-95.

CONTINI, Gianfranco, 'La "Vita" francese "di Sant'Alessio" e l'arte di publicare i testi antichi', *Un Augurio a Raffaele Mattioli.* Florence: Sansoni, 1970, 343-374.

CONTINI, Gianfranco, 'La Critica testuale come studio di strutture', *Atti del il Congresso Internazionale della Società Italiana di Storia del Diritto.* Florence: L.S. Olschki, 1971, 11-23.

CONTINI, Gianfranco, 'Una Scheda curiosa', *Studi filologici, letterari e storici in memore de Guido Favati.* Padoue: Antenore, 1977, 225-231.

CROSLAND, Jessie, *Medieval French Literature*, Oxford: Blackwell, 1956.

CURTIUS, E.R., 'Zur Interpretation des Alexiusliedes', *Zeitschrift für romanische Philologie*, 1937, 56, 85-93.

DELISLE, Léopold, *Les Manuscrits du comte d'Ashburnham*, Paris: Champion, 1883.

DELISLE, Léopold, *Bibliothèque Nationale. Catalogue des Manuscrits des fonds Libri et Barrois*, Paris: Champion, 1888.

DELISLE, Léopold, *Manuscrits latins et français ajoutés aux fonds des nouvelles acquisitions pendant les années 1875-1891*, Paris: Champion, 1891.

DEMBOWSKI, Peter F., 'Literary Problems of Hagiography in Old French', *Medievalia et Humanistica (New Series)*, 1976, 7, 117-130.

ELLIOTT, Alison Goddard, 'The Ashburnham Alexis Again', *Romance Notes*, 1980, 21, 254-58.

ELLIOTT, Alison Goddard, 'The Vie de saint Alexis: Oral versus Written Style', *VIII Congreso de la Société Rencesvals*. Pampelune: Principe de Viana, 1981, 137-48.

ELLIOTT, Alison Goddard, *The 'Vie de saint Alexis' in the Twelfth and Thirteenth Centuries*. An Edition and Commentary. North Carolina Studies in the Romance Languages and Literatures, 221. Chapel Hill, N.C.: University of North Carolina, 1983.

FAWTIER, R. et FAWTIER-JONES, E.C., 'Fragment de la Vie de saint Alexis contenu dans le ms. French 6 de la John Rylands Library à Manchester', *Romania*, 1923, 49, 321-342.

FOERSTER, W. et KOSCHWITZ, E., *Altfranzösisches Übungsbuch. (Die ältesten Sprachdenkmäler mit einem Anhang)*. Leipzig: O.R. Reisland, 5e édition, 1915.

FOTITICH, Tatiana, 'The mystery of 'Les renges de s'espethe', Vie de Saint Alexis, 15b. *Romania*, 1958, 79, 495-507.

FOULET, Lucien, 'De icest à cest et l'origine de l'article', *Romania*, 1920, 46, 571-77.

FOX, John, *A Literary History of France: The Middle Ages*, Londres: Benn, 1974.

GAIFFIER, B. de, 'Intactam sponsam relinquens. A propos de la vie de S. Alexis', *Analecta Bollandiana*, 1946, 65, 157-95.

GATTO-PYKO, Danièle, *La Vie de saint Alexis, version M: édition critique*. Thèse pour le doctorat, Florida State University, 1973.

GIEYSZTOR, A., 'Pauper sum et peregrinus. La légende de saint Alexis en occident: un idéal de pauvreté.' In *Etudes sur l'histoire de la pauvreté*. Ed. M. Mollat. Paris: 1974, tome I, 126-39.

GNAEDINGER, Louise, *Eremitica. Studien zur altfranzösischen Heiligenvita des 12. und 13. Jahrhunderts*. Beihefte zur ZRP, Heft CXXX. Tübingen: Niemeyer, 1972.

GOLDSCHMIDT, A., *Der Albanipsalter in Hildesheim und seine Beziehung zur symbolischen Kirchenskulptur des XII. Jahrhunderts*. Berlin: G.Siemens, 1895.

GOOSSE, A., 'La Vie de saint Alexis', *Lettres Romanes*, 1960, 14, 62-65.

HATCHER, Anna G., 'The Old French Poem St. Alexis: A Mathematical Demonstration', *Traditio*, 1952, 8, 111-58.

HATZFELD, Helmut A., 'Esthetic Criticism applied to Medieval Romance Literature', *Romance Philology*, 1948, 1, 305-27.

HEMMING, T.D., 'La Forme de la laisse épique et le problème des origines', *Société Rencesvals. Actes du VIe Congrès International*. Aix-en-Provence: Université de Provence, 1974, 233-39.

HUNT, Tony, 'The Structure of Medieval Narrative', *Journal of European Studies*, 1973, 3, 295-328.

JAUSS, Hans R., *La Littérature didactique, allégorique et satirique*. Grundriss der romanischen Literaturen des Mittelalters, VI: 2, Heidelberg: C.Winter, 1970.

JOHNSON, Phyllis et CAZELLES, Brigitte, *Le vain siecle guerpir: A Literary Approach to Sainthood through Old French Hagiography of the Twelfth Century*. North Carolina Studies in the Romance Languages and Literatures, 205, Chapel Hill, N.C.: University of North Carolina, 1979.

JOHNSTON, R.C., 'On scanning Anglo-Norman Verse', *Anglo-Norman Studies*, 1982, 5, 154-164.

LABRIOLLE, Pierre de., 'Le "Mariage spirituel" dans l'antiquité chrétienne', *Revue Historique*, 1921, 37, 204-25.

LAUSBERG, Heinrich, 'Zum altfranzösischen Alexiuslied', *Archiv für das Studium der neueren Sprachen,* 1955 - 1957, 191, 202-13 et 285-320; 194, 138-80.

LAUSBERG, Heinrich, 'Das Proömium (Strophen 1-3) des altfr. Alexiuslied', *Archiv für das Studium der neueren Sprachen*, 1956, 192, 33-58.

LAUSBERG, Heinrich, 'Kann das altfr. Alexiuslied ein Bilderzyklus zugrunde liegen ?' *Archiv für das Studium der neueren Sprachen*, 1959, 195, 141-44.

LEBRAS, Gabriel, 'Le mariage dans la théologie et le droit de l'Eglise du XIe au XIIIe siècle', *Cahiers de Civilisation médiévale*, 1968, 11, 191-202.

LEGGE, M. Dominica, 'Archaism and the Conquest', *Modern Language Review*, 1956[1], 51, 227-229.

LEGGE, M. Dominica, 'Les renges de s'espethe', *Romania*, 1956[2], 77, 88-93.

LEGGE, M. Dominica, Compte rendu de Pächt (1960), *Medium Aevum*, 1961, 30, 113-117.

LEGGE, M. Dominica, *Anglo-Norman Literature and its Background.* Oxford: Clarendon Press, 1963

LEGGE, M. Dominica, Compte rendu de Storey (1968), *Medium Aevum*, 1970, 39, 187-189.

LEGGE, M. Dominica, 'Caput baltei', In *Studies in Honor of Tatiana Fotitch*. Washington, D.C.: Catholic University of America Press. 1972, 75-78.

The Life of Christina of Markyate: A Twelfth Century Recluse. Ed. et tr. par C.H. Talbot. Oxford: Clarendon Press, 1959.

LONIGAN, Paul R., 'Noah, Abraham, David and Alexis', *Romance Notes,* 1970, 9, 647-649.

MADDOX, Donald, 'Pilgrimage, Narrative and Meaning in Manuscripts L and A of the Vie de saint Alexis', *Romance Philology*, 1973, 27, 143-57.

MACBAIN, William, *The Life of St. Catherine* by Clemence of Barking. Anglo-Norman Texts XVIII. Oxford: Blackwell, 1964.

MCCULLOCH, Florence, 'Saint Euphrosine, Saint Alexis and the Turtledove', *Romania*, 1977, 98, 168-85.

MARTIN, E., *Le Besant de Dieu*. Halle: Niemeyer, 1869.

MEYER, Paul, 'Le manuscrit B.N. f.fr. 19525', *Bulletin de la Société des anciens textes français*, 1889, 15, 72 ss.

MEYER, Paul, 'Légendes hagiographiques en français', In *Histoire littéraire de la France*, 1906, 33, 328-378.

MÖLK, Ulrich, 'La Chanson de saint Alexis et le culte du saint en France au XIe et au XIIe siècles', *Cahiers de Civilisation médiévale*, 1978, 21, 339-55.

OMONT, Henri, *Bibliothèque Nationale. Catalogue Générale des Manuscrits français*. Paris: Champion, 1900.

PÄCHT, Otto, DODWELL, C.R, et WORMALD, F., *The St. Albans Psalter*. Studies of the Warburg Institute, 25. Londres: 1960, University of London.

PARIS, Gaston et PANNIER, Léopold, *La Vie de saint Alexis: Poème du XIe siècle et renouvellements des XIIe, XIIIe et XIVe siècles*. Bibliothèque de l'Ecole des hautes Etudes, 7. Paris: A. Franck, 1872.[Réimpr.: Vieweg, 1887].

PAUPHILET, Albert, 'La Vie de saint Alexis', In *Dictionnaire des Lettres françaises, I: Le Moyen Age*. Paris: 1964, Fayard.

PAYEN, Jean-Charles, *Littérature française: Le Moyen âge: des origines à 1300*. Paris: Arthaud, 1970.

PERROT, Jean-Pierre, 'Le cœur dur d'un saint: un motif hagiographique (A propos du v. 446 de la Vie de saint Alexis)', *Romania*, 1978, 99, 238-46.

POPE, M.K., *From Latin to Modern French, with Especial Consideration of Anglo-Norman*. Manchester: Manchester University, 1934, (Réimpr. 1973).

RAJNA, Pio, 'Un nuovo testo parziale del 'Saint Alexis' primitivo.' *Archivum Romanicum*, 1929, 13, 1-86.

RICHTER, Elise, 'Alexius 95e "Pur felunie nient ne pur lastet"', *Zeitschrift für französische Sprache und Literatur*, 1932, 56, 65-67.

RICHTER, Elise, 'Studien zum altfranzösischen Alexiusliede', *Zeitschrift für französische Sprache und Literatur*, 1933, 57, 80-88.

ROBERTSON, Howard. S., 'La Vie de saint Alexis: Meaning and Manuscript A', *Studies in Philology*, 1970, 67, 419-38.

ROBSON, C.A., 'Literary Language, Spoken Dialect and the Phonological Problem in Old French', *Transactions of the Philological Society*, 1955, 117-80.

ROHLFS, Gerhard, *Sankt Alexius. Altfranzösische Legendendichtung des 11. Jahrhunderts*. Sammlung romanischer Übungstexte, XV, 4e éd., Tübingen: Niemeyer, 1963.

RONCAGLIA, A., 'L'Alexandre d'Alberic et la séparation entre Chanson de Geste et Roman', *Studia Romanica IV. Chanson de Geste und Höfischer Roman*, Heidelberger Kolloquium, 30 Januar 1961. Heidelberg: Winter, 1963, 37-60.

RYCHNER, Jean, 'La Vie de saint Alexis et le poème latin Pater Deus ingenite', *Vox Romanica*, 1977, 36, 67-83.

RYCHNER, Jean, 'Les formes de la Vie de saint Alexis: les recurrences', In *Etudes de philologie romane et d'histoire littéraire offertes à Jules Horrent à l'occasion de son soixantième anniversaire*, éditées par Jean-Marie d'Heur et Nicoletta Cherubini. Liège: 1980[1], Université de Liège, 383-389.

RYCHNER, Jean, 'La Vie de saint Alexis et les origines de l'art épique', In *Etudes de langue et de littérature françaises offertes à André Lanly*. Nancy: Publications de l'Université de Nancy II, 1980[2], 329-345.

RYDING, W.W., *Structure in Medieval Narrative*. La Haye: Mouton, 1971.

SCHELUDKO, D., 'Über die ersten zwei Strophen des Alexiusliedes', *Zeitschrift für romanische Philologie*, 1935, 55, 194-197.

SCKOMMODAU, Hans, 'Zum altfranzösischen Alexiuslied', *Zeitschrift für romanische Philologie,* 1954, 70, 161-203.

SCKOMMODAU, Hans, 'Alexius in Liturgie, Malerei und Dichtung.' *Zeitschrift für romanische Philologie*, 1956, 72, 165-194.

SCKOMMODAU, Hans, 'Das Alexiuslied: Die Datierungsfrage und das Problem der Askese', In *Medium Aevum Romanicum: Festschrift für Hans Rheinfelder*. Ed. H. Bihler. Munich: Hüber, 1963, 298-324.

SEGRE, Cesare, 'Des vies des saints aux chansons de geste: techniques et centres culturels', In *Société Rencesvals. Actes du VIe Congrès International.* Aix-en-Provence: 1974, Université de Provence, 305-13.

SMEETS, J.R., 'Alexis et la Bible de Herman de Valenciennes: Le problème de l'origine de la laisse.' *Cahiers de Civilisation médievale,*1963, 6, 315-25.

SPRISSLER, Manfred, 'Das rhythmische Gedicht "Pater Deus ingenite" (11. Jh.) und das altfranzösische Alexiuslied', *Forschungen zur romanischen Philologie*, 18, 1966.

STENGEL, E., *La Cancun de saint Alexis, und einige kleinere altfranzösische Gedichte des 11. und 12. Jahrhunderts, nebst vollständigem Wörterverzeichnis zu E. Koschwitz's:* ' Les plus anciens monuments de la langue française' *und zu beifolgenden Texten.* Marburg: Elwert'sche Verlagsbuchhandlung, 1882.

STIMM, H., 'Zur Sprache der Handschrift V des Alexiusliedes', *Medium Aevum Romanicum: Festschrift für Hans Rheinfelder*. Ed. H. Bihler. Munich: Hüber, 1963, 325-338.

STOREY, Christopher, *Saint Alexis. Etude de la Langue du Manuscrit de Hildesheim, suivie d'une édition critique du texte d'après le manuscrit L avec commentaire et glossaire.* Paris: Droz, 1934.

STOREY, Christopher, *La Vie de Saint Alexis.* Oxford: Blackwell, 1942.

STOREY, Christopher, *La Vie de saint Alexis. Texte du Manuscrit de Hildesheim (L).* Publié avec une introduction historique et linguistique, un Commentaire et un Glossaire complet. Genève: Droz; Paris: Minard, 1968.

STOREY, Christopher, *An Annotated Bibliography and Guide to Alexis Studies (La Vie de Saint Alexis).* Histoire des idées et critique littéraire 251. Genève: Droz, 1987.

SUCHIER, Herman, *Les voyelles toniques du vieux français, langue littéraire (Normandie et Ile-de-France).* Trad. Ch. Guerlin de Guer. Paris: Champion, 1906.

TYSSENS, Madeleine, 'Le Prologue de la Vie de saint Alexis dans le manuscrit de Hildesheim', In *Studi in Onore di Italo Siciliano.* Florence: Olschki, 1966, 1165-77.

UITTI, Karl, 'The Old French Vie de saint Alexis: Paradigm, Legend, Meaning', *Romance Philology*, 1966-67, 20, 263-95.

UITTI, Karl, 'Recent Alexis Studies from Germany', *Romance Philology*, 1970, 24, 128-37.

UITTI, Karl, *Story, Myth and Celebration in Old French Narrative Poetry, 1050-1200.* Princeton: Princeton University, 1973.

VINCENT, Patrick R., 'The Dramatic Aspect of the Old French Vie de saint Alexis', *Studies in Philology*, 1963, 60, 525-41.

WALTZ, Matthias, Rolandslied, Wilhelmslied, Alexiuslied. *Zur Struktur und geistlichen Bedeutung.* Studia Romanica, 9. Heidelberg: Winter, 1965.

WATERS, E.G.R., *The Anglo-Norman Voyage of Saint Brendan by Benedeit.* Oxford: Clarendon Press, 1928 (Réimpr. Genève: Slatkine, 1974).

WILMOTTE, M., 'Note sur le texte français du Saint Alexis', *Le Moyen Age*, 1940, 40, 44-45.

WINDELBERG, Marjorie L., 'Theoretical Questions about Metrical Irregularities in the Chanson de Roland', *Olifant,* 1978, 6, 6-19.

WINKLER, Emil, 'Von der Kunst des Alexius-dichters', *Zeitschrift für romanische Philologie*, 1927, 47, 588-97.

ZAAL, J.W.B., *'A lei francesca'* (Sainte Foy, v.20): *étude sur les chansons des saints gallo-romains du 11e siècle.* Leyde: Brill, 1962.

ZUMTHOR, Paul, *Essai de poétique médiévale.* Paris: Seuil, 1972.

LA

VIE

DE

SAINT ALEXIS

LA VIE DE SAINT ALEXIS

I

Bons fu li siecles al tens ancienur,   [11ᵛ]
Kar feis i ert, e justise e amur,
Si iert creance, dunt or n'i ad nul pro:*
Tut est muez, perdu ad sa culur,
5   Ja mais n'ier tel cum fu as ancessurs.*

2

Al tens Noe e al tens Abraam,
E al tenz David que Dés par ama tant,*
Fud bons li siecles, jamais n'iert si vaillant:
Fallis est li siecles, tut s'en vait declinant,
10   Si est empiriez, tut s'en vait remanant.*

3

Puis icel tens que Deus nus vint salver,
Nos ancessu[r]s orent christienté,*
Si fu un sire en Rome la cité;
Riches um fu de grant nobilité.
15   Pur cel vus di, d'un suen filz vol parler.*

4

Eufemien, issi ot num sis pere,
Cuens iert de Rume, del mels ki dunc i ere;*
Sur tus les pers l'amad li emperere:
Mullier li dunad vaillant e hunuree,
20   Des mels gentils de tute la cuntre[e].*

---

*   L'astérisque renvoie aux notes pp. 29 - 44.
3   n.p.] lisible sous la surcharge de R2, qui semble avoir écrit unur, mais il y a aussi un d en interligne: unᵈur, v. note
5   cum   anc.] s final raturé mais lisible
7   t.D.] tenz ðð
10   r.] remanant
12   ancessus, r ajouté en interligne, probablement par R1 c.] xpiente
15   par.] deux dernières lettres raturées et illisibles. R2 a modifié la fin du vers par des ajouts en interligne, des exponctuations et des barrages pour en faire: que del filz seit parlé
17   R.] lune, v. note
20   c.] e final omis par le copiste

5

Puis cunverserent ensemble lungement;*
Que enfant n'orent pesa lur en forment;*
Deu en apelent amdui parfitement:
«O reis del ciel, par tun cumandement,
25   Enfant nus dune ki seit a tun talent!»

6

Tant le preerent par grant humilité*
Qu'a la mullier duna fecundité:*
[Un filz lur dune, si l'en sorent bon gré;]*
Del saint baptisme l'unt fait regenerer,
30   Bel num li mirent selunc christienté.*

7

Fud baptizez, si ot num Alexi.
Ki l'ot porté volentiers le nurri,
Puis li bon pere a escole le mist;
Tant aprist letres que bien en fu / guarni,*   [12ʳ]
35   Puis vait a curt l'emperere servir.*

8

Quant veit li peres que mais n'avrad enfant
Fors Alexis que il par ama tant,
Dunc se purpense que fera en avant:
Ja li volt femme duner a sun vivant,
40   Dunc li aplaide fille a un noble farant.*

9

Fud la pulcele de mult halt parenté,

---

21   lungement
22   forment
26   p.] preerent
27   q.] quala
28   Lacune; vers fondé sur les autres versions
30   m.] R2 a exponctué le r et ajouté un m en interligne pour en faire: nument   c.] xpiente
34   que   en fu] changé en sen (= s'en?) par R2 qui a aussi fait un ajout illisible à la fin de guarni
35   Üb.: puis uait li enfes lempere servir, mais sous les rayons UV nous croyons lire a curt. Pour
     les surcharges de R2 v. note
40   dunc   farant, v. note

Fille a un cunte de Rume la cité.
N'ot plus enfant, si l'ot mult en chierté,
E ensemble en unt li ducs parlé*
45   Pur lur enfant cum vollent asembler.*

10

Nument le terme de lur asemblement.
Quanque unt a faire funt mult isnelement.*
Ja l'espusa dun Alexis gentement,*
Mais de cel plait ne volsist il neent:*
50   De tut en tut a Deu a sun talent.

11

Quant le jur passa e fud tut anuitié,*
Ce dist li pere: «Filz, kar te vai culchier
Avoc t'espuse al cumant Deu del ciel.»*
Ne volst li enfes sun pere currucier;
55   Vait en sa chambre od sa gentil mullier.*

12

Quant vit le lit, esguarda la pulcele,*
Dunc li remenbre de sun segnur celeste
Que plus ad chier que tute rien terrest[r]e:*
«O Deus!» dist il,«si grant pechié m'apresse;*
60   Se or ne m'en fui, or criem que tei en perde!»*

13

Quant en la chanbre furent amdui remés,*

---

44   ensemble   d.] -s raturé, pere ajouté en interligne par R1 (= li due pere)
45   c.v.a.] lisible; changé par R2 en: qun i soient asemblé
47   afaire   ml't
48   d.] raturé mais lisible
49   ne^{i}ent, i ajouté par l'un des réviseurs
51   é   t.a.] lisible, changé par R2 en : al anuitier
53   a.c.d.d.c.] ajout illisible en interligne
55   La fin de la ligne (environ 8 lettres) est laissée en blanc
56   l.p.] cele feste ajouté en interligne (par R1?)
58   terreste
59   Deus] d^{7}s   m'a.] changé par R2 en: manreste (= m'en reste) mais v. note
60   menfui   t.] e changé par R2 en i, i en e, m en interligne (=que je m'en perde?)
61   f.] furent, ~~furent~~

Dunz Alexis la prent ad aparler:*
La mortel vie li prist mult a blasmer,*
De la celeste li mustra verité,
65   Kar lui iert tart que il s'en fust turnez.

14

«Oz mei, pulcele,/ celui tien a espuz*   [12ᵛ]
Ki nus reeinst de sun sanc preciuz.*
En cest siecle nen ad parfit amur:
La vie est fragele, n'i ad durable amur;*
70   Ceste leece revert a grant tristur.»

15

Quant sa raisun li ad tute mustree,
Dunc li duna les renges de s'espee*
E cel anel dunt il l'ot espusee,
Puis ist fors de la chambre sun pere,*
75   Ja s'en fuit fors de tute sa cuntree.*

16

Puis vint curant dreitement a la mer.
La nef fu prest u il dut enz entrer;
Dunad sun pris, si est enz entré.*
Drecent lur sigle, laissent curre en mer,
80   Si pristrent terre u Deus lur volst duner.*

17

Dreit a Laliche, une cité mult bele,*
Iluec arive salvement lur nacele,

---

62 D.] u raturé mais lisible, a ajouté en interligne
63 ml't ablasmer
66 Oz] changé par R2 en: oiz e.] changé par R2 en: espus
67 p.] changé par R2 en: precius
69 amur] changé par R2 en: honnur
72 espéé
74 s.p.] changé par R2 en: sun pareie (?); nuit ajouté en marge, v. note
75 Ja] changé par R2 en: La t.] barré c.] cuntreeⁱ, i ajouté par R2, v. note
78 s.e.e.e.] changé par R2 en: si s'est enz fait porter (fait en interligne)
80 Si changé par R2 en: La
81 L.] la liche

Dunc s'en issi dunz Alexis a terre,*
Mais ce ne sai cumbien il i volst estre;*
85　　U que il seit, de Deu servir ne cesse.*

18

Dunc s'en alad en Arsis la cité,
Pur une imagene dunt il ut parler,*
Que angeles firent par le cumandeme[n]t Deu,*
El num de la virgene ki porte salveté,
90　　Sainte Marie, ki porta Damnedeu.*

19

Tut sun aveir que il ad aporté,
Tut le depart, nient ne l'en remest;
Larges almosnes en Arsis la cité
Dunad as povres u il les pot truver;
95　　De nul aveir volt <estre> encumbrez.*

20

Quant sun aveir <lur ad> tut departiz,*
Entre les povres <dunz> Alexis s'asist;*
Reçut l'almosne quant Dé la li tramist,*
Tant en receit dunt sun cors en guarist,　　　　　　[13ʳ]
100　　Se l'en remaint, <sil rent as poverins>.*

21

Or vus dirai del pere e de la mere,*
E de la pulcele que il ot espusee.*

83　a t.] changé par R2 en: al terer (?) v. note
84　jo ajouté en interligne après sai
85　d.D.s.] exponctué par R2, pasdurer ajouté en marge　(= ne cesse pas d'urer)
87　i.u.] ilut, changé par R2 en: d-- i d'parle (?) v.note
88　cumandemet　D.] u raturé mais lisible
90　MaRie　D.] u raturé et à peine lisible
95　n.e.e.] estre illisible, changé par R2 en: ne se vout encumbrer, v. note
96　l.a.t.d.] rature après aveir, texte illisible, tut exponctué, lur ajouté en marge, -z changé en -st
97　d.A. s'a.] danz ajouté sur rature, v. note
98　quant　Dé] u ajouté en interligne
100　s.r.a.p.] rature après s, texte illisible, changé par R2 en: as povres le partist, v.note
101　OR
102　q.i.o.e.] lisible, changé par R2 en: a qui il espus here

Quant il ce sorent que il fui s'en ere,
Ce fu grant duel que il en demenere[nt]*
105   E grant deplainte <par tute la cuntree>.*

22

Ce dist li pere: «Chier filz, cum t'ai perduz!»*
Respunt la mere: «Lasse, que est devenuz?»
Ce dist l'espuse: «Peché le m'a toluz!
Amis, bel sire, si poi vus ai euz;
110   Or sui si greime que ne puis estre plus.»*

23

Dunc prent li pere de ses mellurs serjan;*
Par plusurs terres fait querre sun enfant.
Dreit a Arsis en vindrent dui errant;*
Iluec truverent dum Alexis seant,
115   Nel recunerent n'al fait ne al semblant.*

24

Entre les altres l'almosne li dunerent:*
Il la receit cum un des altres <freres>.*
Li messagier sempres s'en returnerent.*

25

Nel recunerent ne ne l'unt entercié.
120   Dunz Alexis en <loe Deu del ciel>*
De cels suens serfs, cui il est almosniers;*

---

104 demenere
105 d.] premier e raturé   p.t.l.c] *Üb*.: pa(.)(....)la cun..ee, d'où notre conjecture, mais le texte est
     maintenant illisible; R2: E.g. trop la plainte dulorosse e amere - trop en marge, le reste en surcharge
     sur rature, v. note
106 p̄duz
110 q' est^e pl^9
111 seriant, -t ajouté par R2
113 A.] Tarsis
115 recuuerent d'après W. Foerster, *Üb*. 307, mais nous y voyons -un-   Ajout en interligne après
     semblant, -e?
116 d.] -er- raturé mais lisible
117 f.] conjecture fondée sur les autres versions; texte illisible, changé par R2 en: la prent
118 r.] -er- raturé mais lisible
120 l.D.d.c.] ...deu..lcie. lisible, d'où notre conjecture; R2 donne: D.A. en ha deu m'cie (= mercié)
121 a.] s final raturé

Ne vus sai a dire cum il s'en fist liez:*
Ainz fud lur sire, or est lur provendiers.*

26

125 Cil s'en repairent en Rume la cité;
Nuncent al pere qu'il nel pourent truver.*
S'il en fu dolent ne l'<estuet> pas demander.*
Sa bone mere se prist a dementer,
E sun chier fiz sovent a regreter.

27

«Filz Alexis,/ pur quei te porta ta mere?* [13ᵛ]
130 Tu ies fuiz, dolente <en sui remese>.*
Ne sai le liu, ne ne sai la cuntree
U t'alge querre: tute sui esguaree.*
Ja mais n'iert liez tis pere ne ta mere,*
Ne t'espuse qui dolente est remese.»*

28

135 Vient en la chambre pleine de guarniment,
Si la destruist que n'i remist neient;
N'i remest paile ne nus aurnement.
A tel tristur aturna sun talent.
Puis icel jur mult suvent se dement.*

29

140 «Chambre,» dist ele, «jamés n'estras paree,
Jamais leece n'iert en tei demenee.»
Si la destruist cum hum la ust preee:*

---

122 l.] z final raturé
123 p.] s final raturé
125 pou.] raturé mais pour..t lisible   t.] r final raturé mais lisible, changé par R2 en: as truvé (?)
126 est.] .st...pas lisible; changé par R2 en: ne me seit demandez (-ez en interligne)   demand⁷, 7 changé par R2 en: -ez
129 p.t.m.] à peine lisible; changé par R2 en: tai go porteie
130 e.s.m.] conjecture à partir des autres versions, mais v. note; R2 a écrit   dzsconf9tee (= desconfortee)
132 esguaréé
133 l.] -z raturé   n.t.m.] lisible sous une surcharge de R2: ne tespuseie (?)
134 r.] -se raturé
139 ml't
142 hum   p.] preéé

Ele i fait pendre cinces deramees.*
Cele grant hunur a grant duel est turnee.

30

145   De duel s'asist la sue mere a terre,*
           Si fist l'espuse danz Alexis acertes:*
           «Dame,» dist ele, «je ai fait si grant perte,*
           Des ore vivrai en guise de turterele;
           Nen ai tun filz <ensenble o tei voil> estre.»*

31

150   Respunt la mere: «Se od mei te vos tenir,*
           Si te guarderai pur amur Alexis;
           Ja n'avras mal dunt te puisse guarir.*
           Plainum ensemble le duel de nostre ami,*
           Tu pur tun sire, et je pur mun chier filz.»

32

155   Ne puet altre estre, turnent al cunsirrer,
           Mais la dulur ne porent ublier.
           Danz Alexis en Arsis la cité
           Sert sun segnur par bone volenté.

33

           De .x[v.] anz ne fu neient a dirre;*
160   Pena sun / cors el Damnedeu servise.   [14ʳ]
           De Deu ne voldra turner, ne de sainte iglise,*
           Pur or ne pur argent, ne pur rien ki vive.

---

143   d.] deraméés, changé par R2 en: cince derameie
145   a.t.] lisible sous surcharge de R2 qui a changé en: a terreie
146   ac.] ajout de R2: acertesei
147   s.g.p.] ptend bele (?) ajouté en interligne par R1
149   nenai   e.o.t.v.] ensenb.. . t.. ..il à peine lisible, d'où notre conjecture (cf. aussi L et P); changé
      par R2 en: des or serai tancele (= t'ancele)
*   150-153 R1 a marqué les vv. 150 et 151 d'un a
*   152 et 153 d'un b, mais pourquoi ?   dunt
153   n're
159   xv.] x., v. note   ne] changé en nen (= n'en)
161   n.d.s.i.] exponctué par R2; a sa char en est' ajouté en marge (= a sa char en estrive ?)

34

Quant tut sun cors i ad si aturné
Que ja sun vol n'en istra de la cité,
165   Dunc fist une ymagene pur sue amur parler*
Al servitur qui servot a l'alter.
Ce dist l'imagene: «Fai venir l'ume Deu!»

35

Ce dist l'imagene: «Fai l'ume Deu venir*
En cest mustier, kar il l'a deservi*
170   E est dignes d'entrer en paredis.»*
E il le vait querre, mais il nel set choisir,*
Icel saint hume dunt l'imagene li dist.*

36

Revint li <mestre> a l'imagene al mustier:*
«Certes,» dist il, «je nel sai entercier.»
175   Respunt l'imagene: «Ce est cil qu'iloc siet.»*

37

Cil le vait querre, fait le al mustier venir.*
Eyte vus l'essample par trestut cel pais,*
Que cele imagene parla pur Alexis;
Trestut le enurent, li grant e li petit*
180   E tuit li preient que d'els aust merci.*

---

165   D.] -nc raturé, mais lisible; R2 veut sans doute corriger en Deus
168   v.] ci ajouté par R2 après venir
169   i.l'a d.] changé par R2 en: il set deservir
170   d.d'e.] exponctué par R2, dit partir ajouté en marge
171   Cil] changé en: E il
172   li magene
173   l.m.] lime suivi d'une rature d'environ 4 lettres; R2 a écrit -ssage avec s et e en interligne (= li message), v. note
175   q.i.s.] qui loc siet, changé par R2 en: qui lo qier
176   f.l.a.m.v.] fait le exponctué, venir changé par R2 en: li asis (= al mustier li asis)
177   v.] úús   Eyte] changé par R2 en: este
179   l.p.] changé par R2 en: les petiz
180   m.] changé par R2 en: merciz

38

Quant veit que cil le voldrent honurer,
«Certes,» dist il, «mei volez deporter;*
Ci entre vus n'ai cure a ester.»*
De cel hunur ne volt estre encumbret:*
185 La nuit s'en fui <...de la citet>.*

39

Dreit a la rive li sers Deu vint errant:*
Dunz Alexis encuntra un chalant.*

40   [39 L]

Orent le vent, laissent curre par mer;*
Dreit en Tersun, la cuiderent ariver,*   [14ᵛ]
190 Mais ne puet estre, aillurs les estuet aler;
Tut dreit a Rome les porta li urez.*

41   [40 L]

A un des pors ki plus iert pres de Rume,*
Iluec avint la nef a cel saint hume.
Quant veit sun regne <mult forment se redutet>*
195 De ses parenz <que il nel recunuissent>*
E que l'unur del siecle ne l'encumbre.*

---

182 m.v.] lisible, changé par R2 en: d'iloc i voil
183 a.e.] aester; accents ajoutés (par R1?): áéster
184 -v.e.e.] lisible, changé par R2 en: ne se volt encumbrer (estre exponctué)
185 La fin du vers est illisible. R2 a écrit sur la rature: anceis l'ajurner, v.note
186 Grande lettrine rouge, tout comme le O initial du v. 188
187 D.] changé par R2 en: danz
188 currre
189 e.T.l.c.] entersun; le texte est lisible mais R2 a changé la fin du vers de façon peu claire: en tarsse
     lascuin't... ariver
191 l.u.] R2 a changé ces mots de façon inintelligible: le u est changé en y, lo est ajouté en interligne, -z
     est raturé
192 pl⁹
194 m.f.s.r.] nous adoptons la lecture de l'*Üb.*, quoique, même sous les rayons UV, nous ne puissions
     déchiffrer que: mult f.rm..t s. .... R2: Quant il veit ço nel vousist, çou est la summe
195 De] lisible, sous un changement inintelligible de R2   q.i.n.r] conjecture à partir des autres
     versions; seules les lettres -nuissent sont lisibles; R2: De ses parentz se volt il mut celer.
196 R2 a exponctué E.q., ajouté ker de en interligne, et changé le reste en: ne se vout en9brer (= ker de
     l'unur del siecle ne se vout encumbrer)

42 [41 L]

«Oi Deus,» dist il, «ki tut le mund guvernes,*
Se te pleust, ici ne volsisse estre;
S'or me conuissent mi parent <de ceste terre>*
200 Il me prendrunt par prei <u par poeste>;*
Se jes en crei, tut me ferunt <a perte>.*

43 [42 L]

«Ne sai,» dist il, «mis pere me desirre,
Si fait ma mere plus que femme qui vive,*
E cele pulcele que je lur ai guerpie.
205 Or nel larrai que ne me mete en lur baillie:
Ne me cunuistrunt, mult ad k'il ne me virent.»*

44 [43 L]

Ist de la nef e vait errant a Rume,*
Vait par les rues dunt <jadis fu si cuinte>.*
Que vus dirrai el? Sun pere i encuntre,*
210 Ensemble od lui grant <masse de ses humes>.*
Il le cunut, par sun dreit num le nume.*

45 [44 L]

«Eufemien, bel sire, riches hum,
Kar me herberges, pur Deu, en ta maisun;
Suz tun degré me fai un grabatum,
215 E pur tun filz, dunt as si grant tristur,
Ka[r] tut sui plein de mal / e de dulur.* [15ʳ]

---

197 g.] la dernière lettre a été raturée; changé par R2 en: K.t.l.m. poz guverner, v. note
199 d.c.t.] d et c lisibles, ce qui appuie notre conjecture à partir des autres versions; changé par R2 en: e mi per
200 u.p.p.] illisible, conjecture à partir des autres versions; R2: fere honorer
201 t.m.f.a.p.] tut lisible, a.p. illisible, conjecture à partir de P; changé par R2 en: tei me ferunt hoblier
203 p.q.f.q.v.] lisible, changé par R2 en: nessai qu'en puisse dire
206 m.a.k.n.m.v.] lisible avec difficulté; changé par R2 en: mult ai mué ma vie
207 e.a] changé par R2 en: erranqa
208 j.f.s.c.] nous croyons pouvoir lire: ....s fu si ......; le reste de notre conjecture à partir des autres versions; R2: cum co fust un autre home
209 úús el] exponctué par R2   enc.] e final raturé
210 m.d.s.h.] nous croyons pouvoir lire: m..s. d. s.s ....s, d'où notre conjecture, avec l'appui des autres versions; R2: mut grant genz qil mena
211 nume] e raturé, changé en a
216 K.] ka

Fais le pur Deu, pais me pur sue amur!»*

46   [45 L]

Quant sis pere ot parler de sun filz,*
Plurent si oil, ne se <pot astenir>.*
220   «Pur amur Deu, pur mun chier ami,*
Te dunrai, bons hum, quanque tu as requis:
Lit e hostel e pain e char e vin.»*

47   [46 L]

«Oi Deus,» dist il, «kar eusse un servant,
Kil me guardast, je l'en fereie franc.»*
225   Un en i ad qui sempres vient avant:
«Jel guarderai,» dist il, «a tun cumant.»

48   [47 L]

Cil le mena dreit sus le degré,
Fait li sun lit u il deit reposer;*
Tut li aporte, quanque mestier li iert.*
230   Vers sun segnur ne se volt mal mener,
Que pur nule chose l'en puisse ja blasmer.

49   [48 L]

Suvent le virent le pere e la mere*
E la pulcele que il <ot> espusee;*
Par nule guise unques ne l'aviserent.
235   Il ne lur dist ne il nel demanderent
Quels hum il esteit, ne de quele cuntree.*

---

217   p.s.a.] p sue am'
218   Q.] l'initiale, en marge, est de taille normale et n'est pas en rouge; ajouté par R1?
219   oil] *Üb*: ol, mais le MS porte oil, apparemment de la main du copiste; p.a.] nous croyons pouvoir lire: p.. .st...., d'où notre conjecture, avec l'appui des autres versions; R2: de sa mein firt sun piz
220   c.a.] à peine lisible; changé par R2 en: fiz Alexis
222   vins (-s ajouté par R2)
224   f.f.] bin ajouté entre ces mots en interligne, franc changé en grant (= je l'en fereie bien grant)
228   d.r.] lisible; d changé en s, -r final raturé par R2 pour en faire: u il seit reposé
229   m.l.i.] à peine lisible, changé par R2 en: li vint agre (= li vint a gré)
232   l.p.e.l.m.] à peine lisible, changé par R2 (mais pourquoi?) en: lespuse 7 li pere
233   A part ot le vers est lisible, changé par R2 en: E plurout p li la la (sic) duluruse m'e
236   il] raturé par R2   d.q.c.] lisible, changé par R2 en: ne guard ne sen dunerent

50   [49 L]

Suventes feis les vit grant duel demener*
E de lur oilz tant tendrement plurer.
Trestut pur lui, neient unques pur el*
240   Danz Alexis les veit suvent pasmer;*
N'ad sun de quanque il veit, tut est a Deu turnez.*

51   [50 L]

Suz le degré u il gist sur la nate,
La le paist l'um del relief de la table;*
A grant dulur deduit <sun grant> parage,*
245   Mais ce ne volt, que sa mere le sace:
Mielz aime Deu que trestut sun lignage.*   [15ᵛ]

52   [53 L]

Suz le degré u il gist <e> cunverse,*
Iloc deduist leement sa poverte.*
Li sers sun pere qui en la maisun servent*
250   Les laveures li getent sur la teste:
Ne s'en curruce, ne il nes en apele.*

53   [54 L]

Tuit l'escharnissent, sil tienent pur bricun;
L'aive li getent, muillent sun grabatun.*
Un[c] ne se curruce icil saintismes hum,*

---

237 dem.] de- raturé
239 n.u.p.e.] à peine lisible, changé par R2 en: ne sen poent lasser
240 suuent
241 t.e.a D.t.] tut est a deu tu...z est lisible, changé par R2 en: deu en prent aurer
243 d.l.t.] à peine lisible; le changement effectué par R2 est très obscur, v. note
244 d.s.g.] ded- raturé mais lisible, s.. g.... lisible, d'où notre conjecture, avec l'appui des autres versions;
     changé par R2 en: vit a sul deu en rent grace (= A grant dulur vit, a sul Deu en rent grace)
246 La fin du vers est lisible; changé par R2 en: M.a.D.q le munt qui n⁹ chace, ce dernier mot en
     interligne
247 e] en voulant changer cette lettre (en a), R2 a fait une tache d'encre c.] lisible, changé par R2 en:
     cuuverte
248 l.] lisible, changé par R2 en: lealment
249 servent] à peine lisible; changé par R2 en: funt feste
251 a.] lisible, changé par R2 en: tampeste
253 gentent, le premier n exponctué
254 Vn   -s final de saintismes peut-être ajouté (par R1 ?)

255   Ainz prie Deu que trestut lur parduinst*
        Par sa merci, que ne sevent q'il funt.*

                        54   [55 L]

        Iluec cunversat cist diz e uit anz;*
        Nel conut nuls hom aparcevant,*
        Ne nuls hum ne set les suenz ahanz*
260   Fors sul le lit u il ad jeu tant;
        Ne puet muer ne seit aparissant.

                        55   [Cf. 49 A]

        Assez le virent e le pere e la mere
        E la pulcele; unques ne l'aviserent,*
        Ne cil dum ere unc ne li demanderent,*
265   Cume fait hum, ne de quele cuntree;*
        Suvent le plurent e mult le duluserent.*

                        56   [Cf. 50 A]

        Suventes feiz lur vit dol demener,
        E de dulur mult tendrement plurer,*
        Trestut pur lui, unques neent pur el.*
270   Il les esguarde, sil met al cunsirrer.
        N'a suing qu'il facent, tut est a Deu turné.*

255   t.l.p.] trestut barré, -inst raturé, fait en interligne; changé par R2 en: que il lur fait pardun
256   que] lisible, changé en ker par R2   q^{i}l   f.] -t exponctué (par R2 ?)
257   euit
258   tant fust ajouté en interligne par R2 après hom   a.] -t changé en -z par R2, v. note
259   s.l.s.a.] lisible, changé par R2 en: ne reset les suen ahant
263   p.u.] n ajouté entre ces mots en interligne par R2 (= n'unques ?); en marge R2 a ajouté: li ami ki
        pl^9 dolentes ere
264   neli
265   h.n.d.q.c.] lisible, changement très obscur de R2: cume fait humme esteit .... quant lencuntre'ent (?),
        v. note   cuntréé, traits obliques ajoutés (par R2 ?)
266   ml't
268   ml't
269   u.] unq's   n.p.e.] texte lisible, changé par R2 en: ne veot parler (?)
271   a D.t.] lisible, changé par R2 en: al endurer

57 [56 L]

Trente treis anz aveit sun cors pené:*
Mult li agrieve icele enfermeté.*
Deus sun servise li volt gueerduner.* [16ʳ]
275 Or set ce bien que il s'en deit aler:*
Cel suen serjant ad a lui apelé.*

58 [57 L]

«Turne tei, frere, si quier del parchemin,*
E une penne, ce pri par ta merci.»*
Cil li aporte, tendit le ad Alexi.*
280 De sei meisme dedenz ad tut escrit,
Cum en ala e cument s'en fui.*

59 [58 L]

Tres sei la tint, ne la volt demustrer
Tresque al jur qu'il s'en deie aler.*
Sa fin apresme, sis mals est agregez;*
285 Del tut en tut recessa del pa[r]ler.*

60 [59 L]

En la semaine que il s'en dut aler,
Vin une voiz tres feis en la cité*
Que ses fedels tuz i ad aunez:*

---

272 L'initiale est de taille normale, mais v. note   aveit] à peine lisible; la fin du vers changé par R2 en:
    vit si sun cors pener
273 ml't
274 l.v.g.] li et -r raturés; changé par R2 en: volt 9 iert (en interligne) gueerdune (= volt com iert
    gueerduné)
275 ce] changé par R2 en: il
276 a.a l.a.] lisible, changé par R2 en: fait alui apeler
277 T.] -r- raturé, changé par R2 en: truue (= truve)   tei] mei, v. note
278 ce] raturé, changé par R2 en: si   p.p.t.m.] exponctué par R2 qui ajoute en marge: la t'ues el chem,
    v. note
279 t.l.a.A.] à peine lisible, changé par R2 en: tent li si9 dit (= tent li si con dit ?)
281 fui] changé en fuit par R2
283 q.] e ajouté en interligne par R2 (= que il)
284 agregéz] changé par R2 en: agrevé
285 r.d.p.] barré, R2 ajoute en marge 9fes serent (= confesserent ?) plus une ou deux lettres perdues, le
    feuillet ayant été rogné par le relieur
287 vin] -t ajouté en interligne   t.f.e.l.c.] lisible; surcharge et changements inintelligibles par R2, v.
    note
288 f.] exponctué par R2, surcharge illisible   t.i.a.a.] lisible, changé par R2 en: tuz i faid auner

Prest est la gloire que il lur deit duner.*

61 [60 L]

290 A l'altre feiz lur fait altre semunse
Que l'ume Deu quierent qui est en Rume,*
E si li prient que la cité ne funde,
Que ne perissent cil qui enz fregundent.*
Qui l'unt oi remaignent en grant dute.*

62 [61 L]

295 Sainz Innocens, qui dunc iert apostoile,
A lui en vindrent e li riche e li povre,*
Si li requierent cunsel de ceste chose,
A tut le pople, que mult les descunforte:*
Ne guardent l'ure que terre les encloe.

63 [63 L]

300 Que lur enseint ul purrunt recuvrer,*
Vint une voiz ki lur ad endité:*
«En la maisun Eufemien / querez,   [16ᵛ]
Kar veirement iluec le truverez.»

64 [64 L]

Tuit s'en turnent <sur danz Eufemien>;*
305 Alquant le prenent forment a blastengier:
«Ceste chose nus deusses nuncier,
A tut le pople ki iert descunsellié;
Tant l'as celé, mult en as gran pechié.»

---

289 i.l.] lisible, lur raturé, changé par R2 en: desli (= Dés li)
291 R.] très lisible, changement de R2 difficile à interpréter: rescunse (?)
293 enz] -z raturé f.] -nt raturé
294 g.d.] grant raturé, dute exponctué, verecunde inséré par R2
296 R2 ajoute en interligne: per ques asoille
298 Lisible; que raturé, m.l.d. barré, hunt ajouté en marge par R2 qui change ainsi le vers en: Tel pour hunt li pople ne repose
300 Grande lettrine rouge, v. note
301 a.e.] lisible, changé par R2 en: vint enditer
304 Tuit] l'initiale, ajouté en marge (par R1 ?), est de petite taille et n'est pas en rouge, v. note s.d.E.] s.. d... .f......, ce qui appuie notre conjecture à partir des autres versions; R2: dreit la s'en sont turnez

65   [65 L]

310
Cil s'escundit cum li hum ki nel set.*
Cil ne l'en creient, al hostel sunt alez.*
Cil vait avant, les bans fist cunreer;*
Forment enquiert a tuz ses <menestrels>;*
Cil respunent <que nuls d'els ne le set>.*

66   [66 L]

315
Li apostoiles e li empereur
Seent al banc pensis e plurus,*
E devant els tuit cil altre segnur;
Deprient Deu que cunsel lur en duinst*
De cel saint hume par qui il guarirunt.

67   [67 L]

320
Endementres que iluec se unt sis*
Dessevra l'anme del cors saint Alexis:
Angeles l'enportent en ciel en pareys
A sun Seignur que il ot tant servi.*
O reis celeste, kar nus fai <la venir>!*

68   [68 L]

325
Li bons serjanz kil serveit volentiers,
Cil le nunciad sun pere Eufemiens;
Vint li devant, <si li ad> cunsellié:*
«Sire,» dist il, «mort est tis pruvendiers,
<E ço sai dire, k'il fu bons crestiens>.*

---

309 cu*m* k.n.s.] lisible, R2: esmaie
310 lencreient
311 fist] raturé
312 m.] ....strels; changé par R2 en: plus privez
313 q.n.d.n.l.s.] q.e nul. dels ..l. set, d'où notre conjecture, voir note; R2: ja cil nel troverez
315 p.e p.] lisible; changé par R2 en: tut pensifs e en plur
317 deprie*nt* enduinst] -ns- raturé, changé par R2 en: en dunt
319 s.u.s.] lisible, changé par R2 en: se sunt asis
322 servi] -s ajouté par R2
323 l.v.] .....ir; conjecture suggérée par P (la nous fai parvenir); R2: faites anir (?)
326 s.l.a.] l'*Ub.* donne ces mots, que nous n'avons pas pu lire nous-même; R2: 9uie (= convie) sis
     cunsellier
328 . .. ... d... k.. .. ..stiens, ce qui appuie notre conjecture fondée sur les autres versions; R2: de mo*n*
     poeir servile vole*n*tirs

330
Mult lungement ai od lui cunversé,*   [69 L]
Si espeir bien que il seit l'ume Deu.»*

69

Tut sul s'en est Eufemiens turnez;*
Vint a sun fil u est suz sun degré.*
Le drap suzlieve dunt il esteit <cuvert>;*   [70 L]
Vit del saint hume le vis en apert.   [17ʳ]
335
Tint en sa mein sa chartre li Deu serf
U aveit escrit trestut le suen cunvers.*
<Eufemiens volt saveir que espelt>.*

70   [71 L]

Il la volt prendre, cil ne la li volt guerpir;
Al apostolie revient tuit <esbahiz>:*
340
«Or ai truvez ce que tant par avum quis;
Suz mun degré gist uns morz pelerins;
Tient une chartre, meis ne li pois tolir.»

71   [72 L]

Li apostolies e li empereur,
Li uns Achaires, li altres Oneries out nun,*
345
E tut le pople par comune reisun
Vindrent avant, getent sei a oreisun,*
Mistrent lur cors en grant afflictiun:
«Merci, merci, merci, saintisme hom,
Ne te conumes, ne uncore ne cunuissum;
350
Ci devant tei estunt dui pecheur,   [73L]
Par la Deu grace vuchié enpereur!

---

329 Première lettre de taille normale
330 Deu] -u raturé
331 Grande lettrine rouge   turne., final raturé
332 fil] changé en fiz par R2
333 Première lettre de taille normale   c.....] R2: aumbre (= aumbré), v. note
336 U] V   escⁱt
337 Selon l'*Ūb*.: euf.....s ... sa.... q... .sp.lt; seule la première lettre nous paraît lisible, mais notre
     conjecture se fonde sur cette lecture confirmée par les autres versions; R2: cil la vout pdre li sers
     deu nelasofert
339 esb...z; R2: ot grant suspⁱr
344 Pour la position de ce vers, v. note
346 vindrent

72 [74 L]

Cist apostolies ki les anmes baillist,*
Ço est sis mestiers, dunt il ad a servir,*
Lai li [la] chartre, par la tue merci,*
355   Si nus dirad <que en troverat escrit>;*
Ce voille Deus que nus en poissum goir!»

73 [75 L]

Li apostolies tint sa main a la chartre:
Seint Alexis la sue li alasche;
A li la cunsent qui de Rume ert pape.
360   Il ne la list ne dedenz ne esguarde,
Einz la tendi a un clerc bon e sage.

74 [76 L]

Li chancelers, cui li mestiers en ere,
Cil list la chartre, li altre l'esculterent;*
Le nun lur dist del pere / e de la mere,   [17ᵛ]
365   E ce lur dist de quels parenz il ere.

75 [77 L]

Iço lur dist cum il s'en fui par mer,*
E cum s'en alad en Arsis la cité -*
Deus fist l'ymage pur soe amur parler
Al servitur ki servi a l'altier -
370   E del honur dunt il ne volt estre encumbred.*

76 [78 L]

Quant oi lu pere que de sei dist la chartre,*
Od ambes meins detire sa blanche barbe:

---

352 b.] R2: baillir
353 có
354 m.] lisible; R2: plaisir
355 q.e.t.e.] q.........s...t; conjecture fondée sur les autres versions; R2: la tenur sanz mentir
363 e.] -nt raturé
366 Iço] *Ub.* (à tort): Ço; I (grande lettrine rouge) en marge
367 e.A.l.c.] lisible, changement obscur de R2, v. note
370 n.v.e.e.] lisible, changé par R2 en: ne se volt encumbrer (mais estre n'est pas exponctué)
371 Quant

«Tant atendi que a mei repairasses,*
Que une feiz ensemble od mei parlasses!»*

77 [79 L]

375 En halte voiz prist li peres a crier:*
«Fil Alexis, cist duels m'est presentez!
Malveise guarde t'ai fait suz mun degrez!*
Al las, pechables, cum mal fui avoglez:
Tant l'ai veud, si nel poi aviser!

78 [80 L]

380 «Filz Alexis, e ta dolente mere!*
Tantes a[n]goisses ad pur tei endurees,*
E tantes feims e tantes seis passees,*
E tant[es] lermes pur le tuen cors plurees;*
Cist dols encui la par averad acuree!*

79 [83 L]

385 «Tei cuvenist elme e broine a porter,
Espee a ceindre cume funt ti altre per;*
Ta grant maisnie dousses bien guverner,
Le gunfanun al empereur porter,
Cum fist tis peres e tut tis altres parentez!*

80 [81 L]

390 «Filz, a cui larrai jo mes granz heritez,*
Mes larges teres dunt jo aveie assez,
Mes granz palais en Rume la citez?

---

373 á
374 beau filz ajouté en interligne après feiz par R1
375 acrier
377 mun] -un exponctué, -es ajouté en interligne par R2
380 é
381 enduréés
382 f.] Üb.: seuns (?feims); mais feims nous paraît très lisible, v. note é
383 pluréés
384 acuréé
386 aceindre
389 altres] -s ajouté en interligne par le copiste ou par R1
390 jo] fo

E pur tei, fiz, m'en esteie ge penez;*
Apres mun deces en fussiez sires apelez.

81 [82 L]

395 «Blanc ai lu chief e la barbe chanue;
Ma grant honur aveie retenue,
E pur tei, bel fiz, meis n'en aveies cure!
Fiz, la toe anme seit el ciel absolue!» [18ʳ]

82 [85 L]

De la dolur que demenad le pere
400 Grant fud la noise, si l'entendi la mere.*
Dunc vint currant cume femme forsenee,*
Batant ses palmes, criant e eschevelee:*
Veit mort sun fiz, a terre chiet pasmee.

83 [86 L]

Ki la veist sun grant duel demener,
405 Sun piz debatre e sun cors degrater,*
Ses crinz detraire e sun vis demaiseler,
E sun mort fiz baisier e acoler,
N'i out si dur ne l'estust plurer.

84 [88 L]

En halte voiz prist a crier grant cri,
410 Si lu regrete: «Mar te portai, bel fiz!
Seveals de ta mere kar aviez merci!
Ja me veis tu desirer a murir!

85 [90 L]

«Filz Alexis, mult par ous dur curage,
Si as adossé tut tun gentil lignage;
415 Se une feiz ensemble od mei parlasses,

---

393 menesteie
400 entendi
401 forsenéé
402 escheveléé
405 é

E ta chaitive de mere seveals recunfortasses!*

86

[89 L]

«Lasse, maleuree, mult oi fort aventure;
Ici vei mort tute ma porteure!
Ma lunge entente m'est a grant duel revenue.
420   Que purra faire dolente ma faiture?
Ço est merveille que li miens cuers tant dure!

87

[93 L]

«Segnurs de Rume, pur amur Dé, merci!
Aidiez m'en a pleindre le duel de mun ami!*
Granz est li duels qui desur mei est assis;*
425   Ne puis tant faire que mis cuers en partist:
N'est pas merveille, kar n'en ai mais fille ne fiz!

88

[92 L]

«Ainz que tei ousse, tant en fui desiruse;
Ainz que fus / nez, en fui mult anguissuse,   [18ᵛ]
E quant fustes nez, lee fui e mult joiuse:
430   Ore te vei mort, sin sui mult curruçuse!»

89

[94 L]

Entre le duel del pere e de la mere
Vint la pulcele qu'il out espusee;*
Pur sa dolur chiet jus a terre pasmee:*
«Sire,» dist ele, «cume lunge demuree!*
435   Tant t'atendi en la meisun tun pere
U me laissas dolente e esguaree!*

90

[95 L]

«Sire Alexis, tant vos ai desired,

---

416   r.] -s en interligne, mais de la main du copiste
423   apleindre
424   de sur
432   espuséé
433   pasméé
434   demuréé
436   U] V   e] 7   esguaréé

E tantes feiz pur vus loin esgardez*
E tantes lermes pur le tuen cors plurez,
440   Que revenisses t'espuse recunforter!*

91   [97 L]

«Sire Alexis, bel vis, bele faiture,
Mielz vus amai que tute criature!
Ma lunge atente a grant duel m'est revenue:*
Mielz me venist, sire, que morte fusse!

92   [97 L]

445   «O bele buche, bel vis, bele faiture,
Cume vei mued vostre clere visure!
Plus vus ai chier que nule criature;
Merveillus duel m'est ui avenue:*
Mult me venist mielz que desuz terre fusse!*

93   [96 L]

450   «Sire Alexis, de ta charn tendre e bele;
Sin sui dolente qu'ele purrirad en terre!
Jo atendeie de tei bones nuveles,
Mais ore les vei si graimes e si pesmes,
Sire,» dist ele, «cume dolente en pois estre!

94   [98 L]

455   «Se vus seusse la desuz les degrez*
U as geud de grant enfermetez,
Ja tute gent ne me seussent esgarder
Que ensemble od tei ne usse cunversez;
Ja tute terre ne m'en / fesist turner.   [19ʳ]

95   [99 L]

460   «Ore par sui vedve, sire,» ce dist la pulcele,

---

438 úús
440 recunforterz; -r ajouté en interligne, -z ajouté
443 g'ant; a en interligne
448 úi
449 de suz
455 úús   de suz

«Kar jo leesce jamais n'avrai en terre,*
Ne charnel hume n'averai, kar il ne puet estre;*
Deu servirai, lu rei ki tut guverne:
Il ne me faldrat, s'il veit que jel serve.»

96

[100 L]

465   Tant i plurerent li pere e la mere*
        E la pulcele que tut s'en alasserent.
        Endementiers lu seint cors apruecerent;
        Icil seignur mult bien le cunreerent.
        Cume boneurez sunt ki par fei l'onurerent!

97

[101 L]

470   «Seignurs, ne faites,» ce dist li apostolies,
        «Ne nus valt rien cest duel ne ceste noise;
        Qui que seit li duels, la nostre en est la joie,
        Car par cestui averum bone adjutoire.»*

98

[102 L]

        Trestuit le prenent ki porent avenir;*
475   Chantant enportent le cors seint Alexis,
        E ço li deprient que d'els tuz ait merciz;*
        N'estuet sumundre les clers ki l'unt oïd.

99

[103 L]

        Issent s'en fort tute la gent de Rume;
480   Plus tost i vient ki plus tost i puet curre;
        Parmi les rues en vient si grant turbe*
        Ne reis ne cunte n'i pot faire rute,
        Ne le seint cors n'i pot passer ultre.

---

461   t're
462   est'e
465   é
473   averum
474   pnent
476   có
481   turbe] tur- raturé

100 [104 L]

485 Entr'els en prenent cil segnur a parler:*
«Grant est la presse, nus n'i purrum passer
Pur cest seint cors que Deus nus ad duned:
Tuit i acurrent, nuls ne s'en velt turner.»

101 [105L]

Cil en respundent ki l'empirie baillisent:
«Merci, segnur, nus enquerrum medicine:
490 De noz / avers ferum granz departies* [19ᵛ]
La gent menue ki l'almosne desire;
S'il nus en funt presse, dunc en serrum delivre.»

102 [106 L]

De lur tresor prennent l'or e l'argent,
Sil funt geter devant la povre gent,
495 Pur ço qu'il quident aver descumbrement
De cel aver, mais cil nel ruevent neent;
A cel seint cors unt aturné lur talent.

103 [107 L]

A une voiz crie la gent menue:
«D'icest aveir certes n'en avum cure!
500 D'icest seint cors, n'avum soin d'altre mune*
Car par cestui averum nus bone aiue!»*

104 [109 L]

Sainz Alexis out bone volenté;
Pur oc est ui en cest jur honurez.
Li cors en gist a Rume la citez,
505 E l'anme s'en est el paradis Deu.
Mult puet liez estre ki si est alosé!

---

484 pnent
489 enquerru*m*
500 di cest   navu*m*
501 averu*m*

105   [110 L]

Ki ad pechied, il s'en deit recorder;
Par penitence mult bien se puet saner:
Briefs est li siecles, plus durable atendez,
510   Ço depreums la seinte Trinitez,*
Od Deu el ciel ensemble puissum regner.

A M E N   A M E N

---

510   t^initez

NOTES

Les chiffres renvoient aux vers.

3   La fin du vers a subi les attentions des deux réviseurs. Le premier a ajouté un d en interligne pour changer pro en prod. R2 a changé la fin en unur pour faire rime.

6   Malgré les études de Scheludko (1935) et Lonigan (1970) les références à Noé et à Abraham restent énigmatiques, dans la mesure où le monde, le «siècle», fut alors si corrompu que Dieu se repentit de sa création: témoins le Déluge et la destruction de Sodome et Gomorrhe. La meilleure explication est sans doute celle de Lonigan: la présence d'un seul juste suffit pour sanctifier un monde foncièrement mauvais.

7   Vers hypermétrique (L: **Ed al David**).

9   Vers hypermétrique (L: **Velz est e frailes**).

10   L'hypermétrie apparente disparaît si on admet l'élision **Si'st**.

13   La faute grammaticale **un sire** (s'il en est une) paraît également en L et P.

16   L: ...**si out a num**... Les menues différences de construction de ce genre entre A et L sont très nombreuses.

17   La leçon **lune** est manifestement fautive mais il est difficile de voir comment l'erreur s'est produite. Nous retenons la forme **ere** au singulier: construction **ad sensum** ? L a **eret** corrigé en **ere[n]t** par Storey.

19   L: **Dunc prist muiler**. A accentue la faveur de l'Empereur.

28   Sans ce vers, trouvé dans toutes les autres versions, le sens serait incomplet. A notre avis c'est la seule lacune incontestable du texte.

33   Les «erreurs» du type bon cas sujet sont si nombreuses qu'il ne vaut guère la peine de les signaler.

35   Notre leçon **a cur[t]** est ce que nous avons deviné plutôt que lu sous les rayons UV; le docteur Vogels, qui a fourni la transcription

utilisée dans l'*Übungsbuch* se serait laissé influencer - exceptionnellement - par L.

40   On peut supposer que **aplaide** remplace **acatet** (L) parce que pour le copiste (ou sa source) ce dernier verbe n'avait que le sens «acheter», et non plus le sens «obtenir». La forme **farant** «franc» unique à notre texte, se laisse interpréter comme une hypercorrection typique des habitudes des scribes anglo-normands de cette époque, cf. dans notre texte **averum** 501 etc. Mais cela n'explique pas le **-t**. Il est facile de confondre les lettres **t** et **c**, mais la présence de deux erreurs - ou problèmes - dans un seul mot suggère que le scribe a mal lu ou mal compris son texte, peut-être parce que franc ne peut guère signifier «libre» ici. La présence à Rome d'un noble habitant de nationalité franque semble assez remarquable.

46   A l'assonance des vers 46-48 L a **adaisement, gentement, belament**; P a **asemblement, gentement, vairement**.

48   Vers fautif 4 + 7; L: **Danz Alexis l'espuset belament**.

69   La répétition de **amur** à la fin de deux vers consécutifs se laisse peut-être justifier comme produisant un effet d'insistance: **parfit amur / durable amur**. D'autre part le mot **honur** de L et P ne semble pas convenir très bien au contexte. Partout ailleurs dans le poème l'**unur del siecle** est présenté comme un danger, voir surtout les vers 184, 196.

72   La donation de la ceinture, et la restitution de l'alliance au lieu d'un autre anneau sont des traits distinctifs et importants de A, voir Introduction. p. XXIV.

74   Vers fautif 3 + 6(e); L: **Dunc en eissit**, P: **Dunc sen ist fors**. La restitution de **en** ou **s'en** suffirait à rétablir la mesure.

75   L'emploi du possessif **sa** souligne le fait qu'Alexis quitte son propre pays.

78   Vers hypométrique; la répétition du verbe **entrer**, et la forme bizarre **entrei** autorisent la conclusion qu'il s'agit d'un changement assez gauche du copiste, qui n'aurait pas compris **aloét** de L et P.

80   Le changement de R2 **terer** est suivi d'un point. Il paraît qu'il a cru à tort que c'était la fin du vers, et qu'il a donc changé le mot pour faire une rime.

87 Vers fautif; **imagene** est sans doute une forme graphique savante (comme **angeles, virgene** aux vers suivants) le mot ne comptant que deux syllabes + (e), ce qui donne un premier hémistiche 4(e), mais le second hémistiche n'a que cinq syllabes. L a **dunt il oit parler,** où **oit** est sans doute disyllabe.

95 Selon l'*Übungsbuch* **uolt estre** est lisible sous la surcharge de R2, mais **estre** est maintenant indéchiffrable, même sous les rayons UV.

96 Conjecture basée sur L.

97 L'*Übungsbuch* laisse un blanc. Il paraît que R2 a corrigé **dunz** (graphie préférée du copiste) en **danz**, le **d** et le **z** étant de la main du copiste.

100 Conjecture basée sur L. P a **as plus povres le rent,** qui ne respecte pas l'assonance.

102 Vers hypermétrique.

103 La mesure est juste à condition de compter deux syllabes sur **fui,** ce qui semble être normal dans notre texte.

105 La conjecture, à partir de l'*Übungsbuch*, est appuyée en partie par P: **par tote la contree.** Dans L la strophe compte deux vers sur l'assonance e.e et trois sur é. Le dernier hémistiche de L est: **par tuta la citiet.**

113 Le MS donne **tarsis,** erreur transparente, mais les autres manuscrits (sauf L) sont également fautifs: P: **axis;** Ma: **alis;** Mb: **ausis.**

116 Cette strophe ne compte que trois vers, mais le sens est complet, et il n'est pas indispensable de marquer une lacune. On remarquera que dans L il y a trois répétitions: **anconurent** 115, **reconurent** 117, **reconurent** 121 - bel effet d'insistance ou faible redite ?

117 Conjecture basée sur L et P.

119 Ce vers est également hypermétrique en L et P. L'ordre des vers de cette strophe est en L: a,b,e,c,d. et en P: a,b,c,e,d.

120 Notre conjecture, basée sur les lettres lisibles du MS, est appuyée par L: **lothet Deu del ciel** et P: **loe Deu del ciel.**

122   Vers fautif, le second hémistiche n'ayant que cinq syllabes, à moins de compter 5 + 5. L a **firet**, forme sans doute trop archaïque pour A. P résout le problème: **cumme il se fist liez**, où **cumme** serait disyllabe.

126   Vers fautif. Le second hémistiche se laisse rétablir en supprimant pas, avec L et P. Quant au premier il serait facile de rétablir la mesure en lisant **S'en fu dolent** ou **S'il fu dolent**.

129   Vers hypermétrique, comme dans P. L supprime **te**.

130   L et P fournissent cette conjecture, mais **remese** figure aussi à la fin du sixième vers de la strophe, absent des autres textes. Toutes les versions comportent des strophes où le même mot figure deux fois à l'assonance, mais le cas présent est assez faible. Compte tenu du rehaussement du personnage de l'épouse dans A, il semble probable que ce sixième vers est un ajout propre à notre MS ou à sa source. Le rythme en est boiteux: il faut compter l'e caduc d'**espuse** pour donner un premier hémistiche de quatre syllabes.

135   L et P: **marrement**; S: **guarniment**.

144   Vers hypermétrique: compter **Cel' grant honur** ? Les autres versions ont **Sa grant honur**.

148   Compter **Des or' vivrai en guise de turt'rele** ?

150   La signification de la lettre **a** contre les vers 150 et 151 et **b** contre les deux vers suivants reste obscure. Les copistes emploient les lettres de cette façon d'habitude pour corriger une erreur dans l'ordre des vers, mais il n'en est pas question ici.

155   Cette strophe de quatre vers est complète sur le plan de son contenu. Par contre le cinquième vers de L etc. - **Ses enemis nel poet anganer** - est superflu ou hors de propos, voir Introduction p.XXIII.

159   Le copiste a laissé tomber le **v** de **.xv**. A seul divise la vie ascétique d'Alexis en deux parties inégales de quinze et dix-huit ans, ce qui donne le même total - 33 ans - que les autres versions. La tradition veut que le Christ ait vécu trente-trois ans sur terre.

161 Vers fautif qui ne se laisse pas corriger de façon évidente. Tel quel il se divise 7 + 5(e). Même en substituant **volt** à **voldra**, les difficultés subsistent.

162 Décasyllabe fautif ou alexandrin approximatif ? Bien que la strophe soit défectueuse, surtout sur le plan de la métrique, comme le montrent les notes précédentes, l'absence d'un cinquième vers n'est pas forcément une omission. Le texte de L etc.- où les trois derniers vers de la strophe sont: **Pur amistet ne d'ami ne d'amie/ Ne pur honur ki l'en fussent tramise, N'en volt turner tant cum il ad a vivre** - sent un peu le remplissage.

164 Il suffit de lire **n'istra**, avec les autres versions, pour rétablir la mesure du second hémistiche.

165 Les autres versions ont **l'imagene**, ce qui implique que c'est l'image de la Vierge, déjà mentionnée au vers 87, qui parle. Ce changement rétablirait la mesure.

167 Cette dénomination remonte aux origines de la légende: la première version connue, en syriaque, appelle Mar Riscia «Homme de Dieu» l'ascète anonyme.

170 Comme dans P, le premier hémistiche n'a quatre syllabes qu'à condition de compter l'e caduc; L a **E il est dignes**.

171 E superflu, peut-être sous l'influence du vers précédent. La lettre est en marge, et est très probablement une erreur pour C: L a **Cil**.

173 Après **me** il y a l'espace de quatre lettres. Il est probable que le copiste a eu devant les yeux la forme **costre** comme dans L, et qu'il l'a mal comprise ou mal lue, d'où la substitution de **mestre**, forme mal comprise ou désapprouvée à son tour par R2, qui change assez rarement les mots à l'intérieur du vers.

175 Encore une strophe de trois vers qui ne paraît pas être incomplète. Des deux vers supplémentaires de L etc. - **Pres est de Deu e des regnes del ciel;/ Par nule guise ne s'en volt esluiner** - le second surtout semble superflu. Il est d'ailleurs identique au vers 260 de L, où il figure dans une strophe absente de A, et que nous regardons comme un ajout, voir Introduction, p. XXV. Les deux vers en question sont également absents de M.

182 A s'écarte de L et P. L a **Certes, dist il, n'i ai mais ad ester,/ D'icest' honur nem revoil ancumbrer.** / **Ensur[e] nuit s'en fuit de la ciptét:/ Dreit a Lalice revint li sons edrers.** L'accord de A, S et M suggère qu'il ait existé une version antérieure où Lalice ne figurait pas. L et P (mais non S et M) l'ajoutent, sans doute sous l'influence de la *Vita* (*exiit de civitate Edessa et venit Laodiciam ibique navem ascendens volebat in Tharsum Ciliciae ire*) pour que le voyage de retour soit identique au premier.

186 Cette strophe de deux vers n'a pas d'équivalent en L et P, mais les vers trouvent leur contrepartie en S et M. Le titre *li sers Deu* ne se rencontre pas ailleurs dans le poème.

188 Strophe cohérente de quatre vers, le contenu du premier vers dans L - **Danz Alexis entrat en une nef** - figurant déjà au vers 187.

190 Le second hémistiche a une syllabe de trop; **les estut** est probablement une dittographie. L a **l'estot.**

202 On comprend mal la tournure négative.

204 Compter **E cel' pulcele** ? Les autres textes ont ici le mot **espuse.**

206 Le second hémistiche est rendu hypermétrique par la présence des monosyllabes **que ne me.** L a **nen mete.**

205 Compter **Nem cunuistrunt.**

209 **Que vus dirrai el** - cinq syllabes - est propre à A. L a **N'altra pur altre,** P a **Ne un ne altre.**

212 La strophe compte six vers, contre les cinq vers de L où la strophe se termine: ...**me fai un grabatum / Empur tun filz dunt tu as tel dolur; / Tut soi anferm, sim pais pur sue amor,** alors que dans A Alexis demande à son père de l'héberger pour l'amour de Dieu, changement sans doute intentionnel.

218 Encore une fois le premier hémistiche ne compte quatre syllabes qu'à condition de compter l'e caduc de **pere.**

220 Il manque une syllabe au second hémistiche. Lire **e pur** avec L ?

221 Ce vers compte onze syllabes, 5 + 6. L a **Tut te durai, boens hom, quanque m'as quis**, et P: **Tot te ferai, bons huem, quanque m'as quis.**

226 Strophe cohérente de quatre vers. Le cinquième vers de L, suivi par P mais absent de S et M: **Pur tue amur an soferai l'ahan**, vient mal à propos, voir Introduction, p.XXIII.

231 Le premier hémistiche a une syllabe de trop, à moins de compter **Que pur nul' chose.** L et P ont **Par nule guise / En nule guise**, qui revient aussi à la strophe suivante.

235 Il suffit de supprimer **il**, avec L et P, pour rétablir la mesure.

237 P est également hypermétrique; L a **mener** pour **demener.**

241 Ce vers est un bon alexandrin. L a **Ne l'en est rien, issi est aturnét** (corrigé par Storey: si'st a Deu aturnét), P a **Kar en Deu est tot le suen penser** (9 syllabes), et S a **Na soig que voie, si est a Diu tornés.** L'accord de A et S suggère que notre MS conserve le sens primitif, bien que la forme soit altérée.

243 R2 semble avoir écrit **afer..ace** (ou **ate**). La première lettre est peut-être **o**. En tout cas ce qu'il a écrit reste inintelligible.

246 Figurent ici en L etc. deux strophes qui, à notre avis, ont été ajoutées pour souligner à quel point le comportement d'Alexis est conforme aux consignes officielles de l'Eglise, voir Introduction, p.XXV.

254 Le premier hémistiche a une syllabe de trop. Compter **Unc nes' curruce** ou bien, avec L et P, lire **Ne s'en corucet, Ne se coroscet.**

257 Les autres versions le font passer dix-sept ans sous l'escalier, voir note au vers 159.

258 Il manque une syllabe au premier hémistiche; lire avec L **reconut** ?

259 Lire avec L **neuls** (2 syllabes) pour rétablir la mesure ?

260 Ce vers et le vers suivant sont absents de L.

262 Cette strophe et la suivante, vers 262-271, reprennent sous une forme légèrement changée, les strophes 49 et 50, vers 232-241. Il s'agit à notre avis d'un procédé d'encadrement, unique à A, des strophes

matériellement et thématiquement centrales de cette version, voir Introduction, p. XXIV-V.

265 Il est difficile de lire, et encore plus difficile de comprendre, ce que R2 a écrit: **esteit** est en interligne au dessus de **hum**; suivent les lettres **mef def que le cuntreet**. La lettre **a** paraît en interligne avant **que** et les **e** de **que** et **le** portent une tilde. Il est probable que la fin doit s'interpréter **quant l'encuntrerent**, mais ce qui précède reste inintelligible.

272 Malgré l'absence d'une lettrine, et le fait que l'assonance ne change pas, il n'y a pas de doute qu'une nouvelle strophe commence ici, comme tous les autres textes le confirment.

277 **Turne mei**, est une erreur manifeste - et absurde.

278 C'est sans doute le couteau du relieur employé par Libri lorsqu'il a affublé le MS d'une reliure à l'italienne qui a fait disparaître quelques lettres écrites par R2 ici et au vers 285.

285 Encore une strophe complète de quatre vers, plus cohérente que celle de L et P. L a **Tres sei la tint, ne la volt demustrer, / Ne[l] reconuisent usque il s'en seit alét; / Parfitement s'ad a Deu cumandét,/ Sa fin aproismet, ses cors est agravét; / De tut an tut recesset de parler.** P est à peu près le même.

286 Dans cette strophe de quatre vers l'absence du vers c de L: **Hors del sacrarie, par cumandement Deu**, confirme le caractère moins ecclésiastique de A.

288 R2 semble avoir écrit **fen la duter** avec **unul** en interligne en petites lettres au dessus de **la**. Lire **sen nul duter** «sans aucun doute» ?

293 Il manque une syllabe au second hémistiche, à moins de compter l'e caduc de **fregundent**.

299 Après cette strophe L etc. ont une autre, dont l'essentiel se trouve dans A aux vers 317-8 et 343-4. L a **Li apostoile et li empereor,/ Li uns Acharies, li altre Anories out num,/ E tut le pople par comune oraisun / Depreient Deu que conseil lur an duin[s]t,/ D'icel saint hume par qui il guarirunt.** Il semble très probable qu'il s'agit d'une omission accidentelle, que le copiste aurait cherché à corriger par la suite, voir la note au vers 343.

300 Avant ce vers L a **ço li depreient, la sue pietét,/ Que lur enseint...**
Le copiste fait preuve d'une ingéniosité remarquable. Ce qu'offre
notre texte ici, c'est une *lectio difficilior*: l'inversion est hardie, mais
possible, et **que** doit s'interpréter «pour que». Il faut supposer que,
ayant laissé tomber la strophe correspondant à 62 de L, le copiste se
soit ingénié à cacher son erreur ou à en limiter la portée.

304 Le fait que le mot **Tuit** commence la ligne explique sans doute
l'omission tout à fait insolite de la lettrine par le copiste, qui est en
général (en dépit des accidents dont il est question dans les notes aux
vers 299, 304 et 343) beaucoup moins négligent et paresseux que ne
le prétendent Gaston Paris (et son fidèle Storey), Waters et MacBain.
Il n'omet jamais les lettrines à l'intérieur de la ligne.

306 Le premier hémistiche n'a quatre vers qu'à condition de compter l'e
caduc de **chose**. L a **iceste**.

313 L'*Übungsbuch* transcrit ce vers: **cil reƒpunent (que nuls\ del ....
ƒet)** mais Foerster (Nachträge col. 307, note au vers 325 L) écrit: A:
(que ... nuls dels ..n ƒet); ob ..n ein **rien** oder **ren** (dies will P.
Me[yer] a.a.O.), ist unsicher; ich halte es für ein **nen**.

315 Il manque une syllabe au second hémistiche ici et en L. Storey
corrige: **[e] pensif e plurus**.

319 Le premier hémistiche n'a quatre vers qu'à condition de compter l'e
caduc. L a **En tant dementres**.

323 La correction de R2 **faites anir** est lisible mais inintelligible.

329 L'intention du copiste est claire. Malgré le changement d'assonance
les vers 329 et 330, appartiennent logiquement et thématiquement à
la même strophe que les vers 324-28. Par contre les vers 331 et 332,
quoique sur la même assonance que 329-30 appartiennent
logiquement à la même strophe que 333-35. En L la division des
strophes respecte le changement d'assonance, et il y a, après le vers
329 (= L 342) un vers de remplissage: **De nule cose certes nel sai
blasmer**.

334 Il manque une syllabe au second hémistiche. L et P ont **le vis e cler e
bel**.

336 Ce vers est absent de L, mais figure dans toutes les autres versions. Le premier hémistiche en A compte cinq syllabes. On pourrait rétablir la mesure en lisant, avec P, S etc. **ou a escrit.**

337 Il semble que la condition du manuscrit se soit détériorée depuis le début du siècle car, même sous les rayons UV, rien n'est lisible maintenant sauf la première lettre.

338 Le second hémistiche compte sept syllabes; on pourrait rétablir la mesure en supprimant **la.** L et P ont **cil ne li volt** (P: **vout**) **guerpir.**

340 Le second hémistiche compte sept syllabes; on pourrait rétablir la mesure en supprimant **par.** L a **que tant avums quis,** et P **que tant avum quiz.**

343 Les trois premiers vers de cette strophe correspondent au début de la strophe 62 de L, absente de notre texte. Il est évident que le texte de A est fautif. On a de la peine à expliquer pourquoi les Empereurs, mentionnés explicitement pour la première fois au vers 314, restent anonymes jusqu'au vers 344. Notons d'abord que la strophe absente commence par le même vers que la strophe 70 A (= 72 L). On peut conjecturer que le copiste a eu devant les yeux un manuscrit ou les deux strophes furent en regard, sans doute à la tête de deux colonnes ou de deux feuillets adjacents. Ayant sauté la strophe il s'avise qu'il peut restaurer les vers omis en les insérant dix strophes plus tard, et au prix d'un certain abrègement. Le résultat est une strophe de neuf vers, plutôt mal construite et assez incohérente, mais qui contient l'essentiel des strophes 62, 72 et 73 de L, sauf que les trois derniers vers disparaissent.

346 Le second hémistiche est hypermétrique. L a **jetent s'an ureisuns,** P **e firent oreisuns.**

350 L etc. commencent une nouvelle strophe ici, et L, après le vers 351, continue: **Ço'st sa merci qu'il nus consent l'onor./ De tut cest mund sumes [nus] jugedor./ Del ton conseil sumes tut busuinos.** P et les autres versions sont comparables.

356 Le second hémistiche est hypermétrique, et le dernier mot du vers ne figure que dans A. L a **qu'or en puisum garir.** S et M aussi ont **garir;** P a **que or li puissuns plaisir.**

359 Tel quel le premier hémistiche a une syllabe de trop. L a **Lui le** (sic) **cunsent,** P a **lui la cunsent.**

365 La strophe de quatre vers est cohérente. Après ce vers figure dans L le vers suivant: **D'icele gemme qued iloc unt truvede**, transposé par Storey (à la suite de Gaston Paris) qui en fait le troisième vers de la strophe, comme en P. Le mot **gemma** se trouve également dans le poème latin *Pater Deus ingenite*.

366 Il manque une syllabe au premier hémistiche; L a **E ço**.

367 Le premier hémistiche est hypermétrique; L a **E cum il fut**, mais P a comme A **E cum en ala**.

368 La syntaxe de la strophe manque de cohérence, quoique le sens soit clair. Le texte de A est assez différent de L etc. L a **E que l'imagine Deus fist pur lui parler,/ E pur l'onor dunt nes volt ancumbrer/ S'en refuit en Rome la citét**.

373 Après ce vers L a **E filz, dist il, cum dolerus message!** et le dernier vers est assez différent: **Par Deu merci, que tum reconfortasses**. Bien que la strophe de quatre vers de A soit cohérente, elle est sans doute un peu abrupte. P etc. sont plus proches de L.

384 Le second hémistiche est hypermétrique; L a **Cist dols l'avrat en quor par acurede**, corrigé par Storey: enquoi. Le vers de P est fautif: **Cist dels l'ara enqui par tuee**. On pourrait restaurer la mesure de A assez facilement: **Cist dols encui l'averad par acuree**, (**averad** étant bien sûr une graphie insulaire pour **avrad**).

385 Cette strophe figure en L et P après la strophe 82. D'ici jusqu'à la fin du poème, il y a beaucoup de variations dans l'ordre des strophes dans les différentes versions.

389 Le second hémistiche compte huit syllabes; L a **e li tons parentez**. Le vers de P se coupe 5 + 5. Par erreur L (seul) transpose les deux derniers vers.

390 Ce vers est très fautif. Le premier hémistiche se laisserait corriger **Filz, cui larrai**, mais le second a souffert du remplacement de **hereditez** de L par **heritez**, également dans P. L a **O filz, cui erent mes granz hereditez ?**

394 Le vers est très fautif. Le premier hémistiche se laisserait corriger en remplaçant **Après** par **Puis** (L et P). L a pour le second hémistiche:

en fusses enorét, et P: **en fussiez honorez.** Encore une fois L (seul) transpose les deux derniers vers de la strophe.

397 Le premier hémistiche compte cinq syllabes; L a **Ed anpur tei,** et P **por tei fiz** (3 syllabes). Après ce vers L a **Si grant dolur or m'est aparude,** corrigé par Storey: **apar[e]üde.** Il n'est pas exclu qu'un vers ait été omis de A, car 397 est le dernier vers du feuillet, mais la strophe est cohérente telle quelle.

398 Une septième strophe de lamentations paternelles figure ici dans L etc. L a **A tel dolur ed a si grant poverte,/ Filz, t'ies deduit par alienes terres!/ E d'icel[s] bien[s] ki t'en dous[sen]t estra,/ Que n'am perneies en ta povre herberge ?/ Se Deu ploust, sire en dousses estra.** Le copiste ou sa source ayant à ce qu'il semble remodelé les lamentations de la mère et de l'épouse pour que chacune ait sept strophes, cela donne à penser que le père aussi devrait avoir droit à sept, et que cette strophe serait donc tombée par accident.

405 L a **dejeter,** comme P et V.

406 L a **derumpre, maiseler,** comme V. P, assez bizarrement, a **son vis derumpre, ses chevels detirer.** Le vers de A, comme les vers 401, 402, a un e caduc de trop.

407 A est plus proche de P: **E son fiz mort acoler e baisier** que de L: **Sun mort amfant detraire ed acoler** (cf. V: **detraire et percoleir**).

408 A, P et V sont d'accord contre L qui a **Mult fust il dur.** Figure ici en L et P, mais pas en V ou M, une autre strophe de lamentations maternelles. L a **Trait ses chevels e debat sa peitrine,/ A grant duel met la sue carn medisme:/ E filz, dist ele, cum m'ous enhadithe!/ E jo, dolente, cum par fui avoglie!/ Net cunuisseie plus qu'unches net vedisse.**

409 Cette strophe est assez différente de L etc. En dehors du premier hémistiche du premier vers, où V a **Ad altes voiz,** P et V sont plus proches de L, qui a **Plurent si oil e si jetet granz criz;/ Sempres regretet: Mar te portai, bels filz!/ E de ta medra que n'aveies mercit?/ Pur quem vedeies desirrer a murir, Ço'st grant merveile que pietét ne t'en prist.** Les quatre vers de A sont cohérents mais, comme à la strophe 82, l'effet est un peu abrupte.

411 Le premier hémistiche est hypermétrique.

413   Cette strophe (86 A, 90 L) figure en L et P après la strophe suivante (87 A, 89 L). V met cette dernière strophe après la strophe 89 A (= 92 L). Encore une fois les quatre vers sont assez cohérents. V aussi donne ici une strophe de quatre vers, très proche de A: **Fils Alexis mult ous dur corage,/ Si adosas tot tun gentil parage./ Si une feiz, bels, filz, ot moi parlaises;/ Por ta merci ke une feiz me confortasses!** On remarquera que le copiste de A n'est pas le seul à écrire des vers faux. Le cinquième vers de L est: **Ki si'st dolente. Cher fiz, bor i alasses !** Cette strophe est suivie dans les autres versions d'une autre, 91 L: **Filz Alexis, de la tue carn tendra!/ A quel dolur deduit as ta juventa!/ Pur quem fuis ? Jat portai en men ventre,/ E Deus le set que tute sui dolente;/ Ja mais n'erc lede pur home ne pur femme.** Le second vers de cette strophe manque dans V.

419   Le second hémistiche est hypermétrique. L a **a grant duel est venude**, P **m'est a grant duel venue**, et V **a gran duel m'est venue**.

420   **ma faiture** est une erreur évidente. L a **malfeude** et V **mal feue**. P: **dolente creature** est une *lectio facilior.*

422   Cette strophe correspond à la strophe 93 L.

423   Lire **Aidiez m'a pleindre**, avec L, pour rétablir la mesure.

426   Lire **kar n'ai mais**, avec L, pour rétablir la mesure.

427   Cette strophe correspond à la strophe 92 L.

430   P et V confirment **curruçuse** contre **doleruse** de L. Les autres versions ont un cinquième vers qui dans L prend la forme: **Ço peiset mei que ma fins tant demoret.**

431   Cette strophe correspond à 94 L.

432   Lire **que il** pour rétablir la mesure.

433   Ce vers ne figure pas dans les autres versions; seul A a une strophe de six vers. La douleur de l'épouse est tout aussi intense que celle de la mère, à tel point qu'elle aussi en tombe évanouie.

437   Seul V a une strophe de cinq vers ici. L omet le troisième vers (ajouté entre crochets par Storey qui - on ne sait trop pourquoi - en

fait le deuxième vers de la strophe). A et P omettent le dernier vers où L a **Pur felunie nient ne pur lastét**, et V **por felonie o lassas o por grant meil**, voir Richter (1932). Les quatre vers de A forment une strophe cohérente.

441   Cette strophe (et la suivante qui n'en est qu'une répétition) correspond à la strophe 97 L, mais vient avant celle qui equivaut à 96 L. Ce redoublement sert à mettre l'épouse sur pied d'égalité avec la mère, toutes deux ayant sept strophes de lamentations. Mais le copiste, ou sa source, s'est contenté de dire la même chose deux fois, sur la même assonance, et en se servant des mêmes mots. Si l'idée n'est pas mauvaise, son exécution par contre est très faible. **Sire Alexis** est nouveau (et la répétition de cette invocation au début de trois strophes trahit un certain souci de style), mais la fin du vers est identique au vers 445.

443   Ce vers est identique au vers 419, dans les lamentations de la mère.

444   Au cours de sa plainte, à la différence des autres versions, l'épouse emploie toujours le titre **sire**, et jamais le mot **amis**.

454   L'ordre des vers de cette strophe en L, P et V est a,b,e,c,d.

455   En V cette strophe figure avant 92 A (=97 L).

459   Ce vers est assez différent de L, qui a **Si me leust, si t'ousse gardét**. P est proche de L, mais V a **si ie pousse si t'oure costumé**.

461   P a le même ordre que A, mais L, suivi par V, a **Ja mais ledece n'avrai, quar ne pot estra,/ Ne ja mais hume n'avrai an tute terre**.

463   L'un des rares exemples de cette forme insulaire de l'article; voir aussi au vers 467.

464   Il y a une syllabe de trop dans le premier hémistiche et il en manque une dans le second. Il suffirait d'élider **ne me**, et de lire **je le**.

465   Le premier hémistiche n'a quatre syllabes qu'à condition de compter l'e caduc.

467   A l'assonance L a **conreierent, acustumerent**; P a **apresterent, conduierent**; V a **apresterent, conreerent**.

469 Pour rétablir la mesure du premier hémistiche il suffirait de supprimer **sunt**.

470 La dureté du Pape est un élément de toutes les versions en langue vulgaire, qui ignorent l'expression de sympathie pour la famille du saint que l'on trouve dans la *Vita: Populus autem videns haec lachrimabiliter flebant.*

474 L a un cinquième vers: **Si li preiuns que de tuz mals nos tolget.** Le cinquième vers de P et V est un peu différent: **P ceo li proiun que por Deu nos asoille, V mais preem li por Deu ke nos asolhe.**

478 L, P et V ont un cinquième vers, dont la forme en L est **Tuit i acorent, li grant e li petit.** Les quatre vers de A sont cohérents.

479 L, P et V commencent par la phrase **Si s'en commourent.**

486 L, P et V ont un cinquième vers ici, dont la forme en L est: **Liez est li poples ki tant l'at desirrét.** En V cette strophe vient après 102 (= 105 L).

491 L a **main**, mais P et V ont **gent**, comme A.

492 Il suffirait de supprimer **en** dans le premier hémistiche pour rétablir la mesure.

496 Un enjambement insolite, sans parallèle dans les autres versions. L a **Mais ne puet estra.**

497 Le second hémistiche est hypermétrique; l'on pourrait rétablir la mesure en lisant **unt turné** ou **aturnent**.

499 Les autres versions ont ici un cinquième vers, dont la forme en L est: **Si grant ledece nus est apar[e]üde.**

500 Le mot **mune** est confirmé par V **munere**. P est illisible. L a **que avum am bailide**, défendu par Storey (1968), note au vers 534.

501 V est très proche de A: **Kar par cestui aurem nos bune aiue.** L a **Par lui avrum, se Deu plaist, bone aiude.** Dans A le récit se termine ici, sans que soit décrites les obsèques du saint - mépris pour le corps de la part de l'auteur, à l'instar de l'attitude du saint lui-même, ou omission du copiste ? L seul a ici une autre strophe avant la strophe 105 (= 109 L): **Unches en Rome nen out si grant ledice/**

Cum out le jurn as povres e as riches/ Pur cel saint cors qu'il unt en lur bailie:/ ço lur est vis que tengent Deu medisme;/ Trestut le pople lodet Deu e graciet.

502   Cette strophe est absente de V et paraît (en partie seulement) en P à la fin, après la strophe 122.

507   Cette strophe est absente de toutes les autres versions, sauf L, où elle n'a aucune justification, étant donné qu'il y reste encore quinze strophes avant la fin du poème. Ces deux strophes finales de A correspondent aux deux strophes liminaires, et retournent au thème initial du rejet du siècle. En L etc. par contre, bien que le mot **siecle** figure à la strophe finale, le message est différent: **Aiuns, seignurs, cel saint home en memorie,/ Si li preiuns que de toz mals nos tolget./ En icest siecle nus acat pais e goie,/ Ed en cel altra la plus durable glorie !/ En ipse verbe sin dimes: Pater noster./ Amen.**

GLOSSAIRE

Ce glossaire contient seulement les mots dont la forme ou la signification pourrait présenter quelque difficulté. Pour les mots recensés, les références sont exhaustives.

[absoldre],absolue, pt.p.adj.f., 398, absoudre,sauver

[acurer], acuree, pt.p.f., 384, affliger, blesser jusqu'au cœur.

[adosser],adossé, pt.p.m., 414, renier, abandonner.

afflictiun, sb.f., 347, tourment, peine.

[agreger], agregez, pt.p. m., 284, aggraver.

[agrever], agrieve, pr.3, 273, accabler.

[alascher], alasche, pr.3., 358, lâcher, céder.

[alasser], alasserent, prt.6., 466, s'épuiser, lasser.

angoisses, sb.f.pl., 381, peines, tourments.

anguissuse, adj.f., 428, en grande angoisse.

[aparceveir], aparcevant, pt.pr.adj., 258, nuls hom apercevant, personne qui le voit.

[aparaistre], aparissant, pt.pr.n., 261, évident, visible.

[aplaidier], aplaide, pr,3, 40, obtenir par accord.

apostoile,-s, apostolie,-s sb.m.s., 293, 314, 329, 343, 352,   357,470, pape.

[aproismer], apresme, pr.3, 284, approcher.

[apresser], apresse, pr.3, 59, opprimer.

[aproecier],apruecerent, prt.6, 467, rapprocher.

asemblement, sb.b.s., 46, union, mariage.

asembler, inf., 45, unir, marier.

[aturner], aturné, pt.p., 163,49, aturna prt.3, 138, tourner.

[auner], aunez, pt.p., 288, unir.

aurnement, sb.m.s., 137, ornement.

avenir, inf., 474, avenue, pt.p.f., 448, arriver.

aventure, sb.f.s., 418, malheur, événement sombre.

[baillir], baillisent, 497, pr.6, baillist, prt.3, 352, gouverner.

blastengier, inf., 305, blâmer, médire.

bricun, sb.m.s., 253, fou.

broine, sb.s.f., 385, cotte de mailles.

chaitive, adj.f.s.,416, malheureuse.

chanue, pt.p.adj.f., 395, aux cheveux blancs.

chartre, sb.m.s., 335, 342, 354, 357, 363,371, lettre.

choisir, inf., 161, distinguer, remarquer.

cinces, sb.f.pl., 143, haillons.

comune, adj.f.s., 343, par comune reisun, générale, collective.

creance, sb.f.s., 3, croyance, confiance.

cuinte, adj.m.s., 208, connu.

culur, sb.f.s., 4, couleur, employé figurativement, qualité, caractère.

cunreer, inf., 311, cunreerent, prt.6, 468, préparer.

[cunsentir] cunsent, pr.3, 359, accorder, consentir.

cunsirrer, sb.m.s., 155, 270, pensée, réflexion.

cunvers, sb.m.s., 336, vie.

[cunverser], cunverse, pr.3, 247, cunversé, 329, cunversez, 458, pt.p., cunversat, prt.3, 287 cunverserent, prt.6, 21, vivre, sauf au vers 458: parler.

curage, sb.m.s., 413, cœur, disposition.

danz, sb.m.s., 145, 157, 240, 304, dunz, 62, 83, 97, 120, 187, seignur; tous les exemples s'appliquent à Alexis, sauf au vers 304, où c'est Eufemien qui est désigné.

debatre, inf., 405, battre, frapper.

[decliner], declinant, gér., 9, détériorer, empirer.

degré, sb.m.s., 214, 227, 242, 247, 332, 341, degrez, 377, 455, escalier.

degrater, inf., 405, écorcher, déchirer.

delivre, adj.m.pl., 492, libres, débarassés.

demaiseler, inf., 406, déchirer, ensanglanter.

dementer, inf., 127 **dement**, pr.3, 139, se lamenter.

departies, sb.f.pl., 490, partage, distribution.

deporter, inf., 182, **«Certes», dist il, «me volez deporter»**, favoriser ? (ou porter ailleurs ?).

deramees, pt.p.adj. f.pl., 143, déchirées.

descumbrement, sb.m.s., 495, désencombrement.

descunforté, pt.p.adj., 298, désolé, désemparé.

descunsellié, pt.p.adj., 307, sans conseil, désemparé.

[deservir], deservi, pt.p.s., 169, mériter.

[dessevrer], dessevra, prt.3, 320, se séparer.

dreitement, adv., 76, directement, tout droit.

[duluser], duluserent, prt.6, se désoler.

dute, sb.m.s, 294, crainte.

[enclore], encloe, pr.sbj.3, 299, enfermer, engloutir.

[encumbrer], encumbre, pr.3, 196, **encumbred**, pt.p., 370, **encumbret**, 184, **encumbrez**, 95, embarasser, gêner.

[enditer], endité, pt.p., instruire, ordonner.

[enquerre], enquiert, pr.3, 312, **enquerrum**, fut.4, chercher.

[enseignier], enseint, pr.sbj.3, instruire, enseigner.

entercier, inf., 174, **entercié**, pt.p., 119, reconnaître.

[escundire], escundit, pr.3, 309, s'exculper.

esgarder, inf., 457, **esguarde**, pr.3, 270, 360, **esgardez**, pt.p., 438, **esguarda**, prt.3, 56, regarder.

[esguarer], esguaree, pt.p.f., 132, 436, égarer.

[espeler], <espelt>, pr.3, 337, signifier.

eyte, interj., 177, **eyte vus**, voici.

faiture, sb.f.s., 420, progéniture, 441, créature, 445, physionomie.

[fallir], fallis, pt.p., affaiblir, défaillir.

fragele, adj.m.s, 69, frêle, faible.

franc, adj.m.s., 224, libre.

[fregunder],fregundent, pr.6, 293, habiter.

gentement, adv., 48, dignement.

gentil, adj.m.f.s., 55, **gentils,** 20, 414, noble.

goir, inf. 356, se réjouir.

grabatum, sb.m.s, 214, **grabatun,** 253, grabat, lit.

graimes, adj.m.s., 453, **greime,** 110, triste.

guarir, inf.,152, **guarirunt,** fut.6, 318, **guarist,** prt.3, guérir, soutenir.

guarni, pt.p.adj.m.s., 34, pourvu, fourni.

guarniment, sb.m.s., 135, mobilier, tout ce qui garnit.

heritez, sb. m.s., 390, héritage.

hostel, sb.m.s., 222, logement, 310, demeure, maison.

[laisser], larrai, fut.1, manquer.

lee, adj. f.s., 429, joyeuse.

leece, sb.f.s., 70, 141, **leesce,** 461, joie.

leement, adv. 248, joyeusement.

letres, sb.f.pl., 34, **Tant aprist letres que bien en fu garni,** lettres; (il apprit à lire).

maisnie, sb.f.s., 389, ensemble des habitants de la maison, serviteurs.

maleuree, adj. f.s.,417, malheureuse, infortunée.

medicine, sb.f.s., 489, remède.

menestrels, sb.m.pl., <312>, serviteurs, domestiques.

mestier, sb,m.s., 229, besoin, **mestiers,** 353, 362, devoir, tache.

mestre, sb.m.s., <173>, maître, sacristain ?, voir note au vers 173.

muer, inf., 261, mouvoir, **mued,** pt.p., 446, **muez,** 4, changer.

mune, sb.f.s., 500, don.

nacele, sb.f.s., 62, navire.

nef, sb.f.s., 77, 193, 207, navire.

[nurrir], nurri, prt.3, 32, élever.

paile, sb.f.s., 137, drap de soie.

[paistre], paist, pr.3, 243, nourrir.

palmes, sb.f.pl., 402, paumes (des mains).

parentez, sb.m.s., 389, famille, parenté.

pechables, sb.m.s., 378, pécheur.

penne, sb.f.s., plume à écrire.

pensis, adj. m.pl., 315, troublés.

plait, sb.m.s., 49, accord, arrangement.

porteure, sb.f.s., 418, progéniture.

[preer], preee, pt.p.f.s., détruire, dévaster.

prei, sb.m.s., 200, prière.

provendiers, sb.m.s., 123, **pruvendiers**, 327, mendiant, celui qui est pourvu en vivres.

[recesser], recessa, prt.3, cesser.

recorder, inf., 507, rappeler.

[reembre], reeinst, prt.3, 67, racheter.

reisun, sb.f.s., 345, **par comune reisun**, d'un seul accord.

relief, sb.m.s., 243, restes, reliefs.

renges, sb.f.pl., 73, **les renges de s'espee**, probablement ceinturon.

[retenir], retenue, pt.p.f., garder, maintenir.

rien, sb.f.s., 58, 162, chose, 471, ne..rien.

[roveir], ruevent, pr.6, 496, demander.

saner, inf., 508, sauver son âme.

seis, sb.f.pl., 382, soifs.

seveals, adv., 411, 416, du moins.

[suzlever], suzlieve, pr.3., 333, soulever.

talent, sb.m.s., 25, 50, 138, 497, désir, pensée, volenté.

terme, sb.f.s., 46, fin, limite.

turbe, sb.f.s., 481, foule.

ure, sb.f.s., 299, heure.

urez, sb.m.s., 191, vent.

visure, sb.f.s., 446, figure.

[vuchier], vuchié, pt.p. 351, appeler, nommer.

TABLE DES NOMS PROPRES

Abraam, 6: patriarche du Vieux Testament.

Achaires, 343: Arcadius, l'un des deux Empereurs.

Alexis, 37 etc : Alexi, 31, 279.

Arsis, 86 etc : Edesse (dans la *Vita*) aujourd'hui Orfa.

Damnedeu, 90, 160.

David, 7: Roi d'Israel.

Dé, 98, 422, Dés, 7, Deus, 11 etc, Deu, 23 etc., Dieu.

Eufemien, 16 etc., Eufemiens, 325 etc.: Euphemianus (dans la *Vita*), père d'Alexis.

Innocens, 295: Le Pape saint Innocent.

Laliche, 81: Laodicée (dans la *Vita*).

Marie, 90: La sainte Vierge.

Noe, 6: patriarche du Vieux Testament.

Oneries, 344: Honorius (dans la *Vita*), l'un des Empereurs de Rome.

Rome, 13, 191, Rume, 17 etc.,

Tersun, 189: Tarse en Cilicie (dans la *Vita*).

Trinitez, 510: La sainte Trinité.

TABLE DES MATIERES

INTRODUCTION

LA VIE DE SAINT ALEXIS

TEXTES LITTERAIRES

Titres déjà parus